I0709653

Contagioso

Divulgación
Marketing

Biografía

Jonah Berger es profesor de marketing en la Wharton School de la Universidad de Pennsylvania, donde investiga sobre lo que trata en este libro: la influencia social y cómo los productos o ideas alcanzan el éxito.
Sus estudios se han publicado en revistas de psicología, marketing y economía, y se han referenciado en *The New York Times*, *The Wall Street Journal*, *NPR*, *Science*, *Harvard Business Review*, *Sloan Management Review*, *Wired*, *Business Week*, *The Atlantic* y *The Economist*, entre otras. Berger ha sido galardonado con diversos premios, tanto por su erudición como por su labor académica.

Jonah Berger

Contagioso

*Cómo conseguir que tus
productos e ideas tengan éxito*

Traducción: Jorge Paredes

A mi madre, mi padre y mi abuela, por creer siempre en mí.

Índice

Cómo puedes hacerte famoso si te rompen la guitarra ... Se te saltan las lágrimas buscando en internet ... *Si algo nos preocupa, lo compartimos.*

Introducción
¿Por qué las cosas enganchan?

Cuando Howard Wein se mudó a Filadelfia en marzo de 2004, ya contaba con una larga experiencia en la industria hostelera. Había obtenido un MBA en gestión hotelera, contribuido al lanzamiento de la marca W de Starwood Hotels y administrado miles de millones de dólares como director corporativo de alimentos y bebidas de Starwood. Pero ya estaba cansado de proyectos grandes. Anhelaba un entorno más modesto, centrado en un restaurante. Así que se trasladó a Filadelfia para ayudar en el diseño y lanzamiento de un nuevo y exclusivo asador de lujo llamado Barclay Prime.

El concepto era sencillo. Barclay Prime pretendía ofrecer la mejor experiencia cárnica imaginable. El restaurante está situado en la zona más elegante del centro de Filadelfia, con un pavimento de mármol en una entrada tenuemente iluminada. En lugar de disponer de sillas de restaurante tradicionales, los clientes descansan en sillones de felpa agrupados alrededor de pequeñas mesas de mármol. Disfrutan de un surtido de alimentos crudos entre los que se incluyen ostras de la costa Este y Oeste y caviar ruso, y el menú ofrece manjares como patatas con salsa de trufas y fletán pescado con caña traído por FedEx directamente desde Alaska. No obstante, Wein sabía que la buena comida y una excelente atmósfera no eran suficientes. Al fin y al cabo, lo que mejor hacen los restaurantes es quebrar. Más del 25 por ciento quiebran durante los doce meses posteriores a su inauguración. El 60 por ciento desaparece durante los tres primeros años.

Los restaurantes fracasan por muchas razones. Los gastos —desde la comida que se sirve hasta el trabajo empleado en prepararla y servirla— son muy elevados. Y el entorno está repleto de competidores.

Por cada nuevo bistrot que aparece en una gran ciudad de Estados Unidos hay otros dos justo a la vuelta de la esquina.

Como sucede con la mayoría de pequeños negocios, los restaurantes también tienen un enorme problema de visibilidad. Sólo hacer que corra la voz de que un nuevo restaurante ha abierto sus puertas —y no digamos de que vale la pena comer en él— supone una dura batalla. Además, a diferencia de las grandes cadenas hoteleras para las que Wein había trabajado anteriormente, la mayoría de restaurantes no disponen de recursos que les permitan gastar grandes sumas en publicidad y marketing. Su éxito depende de que la gente hable de ellos.

Wein sabía que era necesario que se corriera la voz. Filadelfia ya contaba con docenas de asadores caros y Barclay Prime tenía que destacar. Wein necesitaba abrirse camino entre la multitud y ofrecerle a la gente una sensación de exclusividad. Pero ¿qué? ¿Cómo podía hacer que la gente hablara de la marca?

¿Qué tal un sándwich de carne y queso de cien dólares?

El clásico sándwich de carne y queso de Filadelfia puede comprarse por cuatro o cinco pavos en cientos de sandwicherías, puestos de hamburguesas y pizzerías de toda la ciudad. No es una receta complicada. Se corta la carne, se pone en la plancha, se coloca en un panecillo largo y se le pone un poco de provolone o queso fundido por encima. Es una comida local deliciosa, pero indudablemente no se trata de alta cocina.

Wein pensó que podría dar que hablar si lograba elevar el humilde sándwich de carne a nuevas metas gastronómicas y cobraba por él un precio que despertase el interés de la prensa. Así que empezó por coger un *brioche* francés artesanal untado con mostaza casera. Añadió ternera de Kobe deliciosamente veteada y finamente cortada. A continuación, añadió cebolla caramelizada, rodajas de tomate heirloom y cremoso queso taleggio. Todo ello recubierto de finas láminas de trufa negra cultivada artesanalmente y cola de langosta de Maine cocinada en mantequilla. Además, para mayor escándalo, lo sirvió con media botella bien fría de champán Veuve Clicquot.

La respuesta fue increíble.

La gente no sólo probó el sándwich, sino que corrió a contárselo a los demás. Alguien sugirió que los grupos lo pidieran «como entrante, para que, de esa manera, todos tuvieran derecho a contarlo». Otra señaló que el sándwich era «verdaderamente indescriptible. No se combinan todos esos ingredientes deliciosos para obtener algo inferior a lo esperado. Era como comer oro». Y, dado el precio del sándwich, era casi como comer oro, aunque mucho más delicioso.

Wein no sólo creó un nuevo sándwich de carne. Creó un tema de conversación.

Funcionó. La historia del sándwich de cien dólares se extendió.

Habla con cualquiera que haya estado en Barclay Prime. Aunque la gente no haya pedido el sándwich, lo más probable es que la mayoría lo mencione. Incluso a la gente que nunca ha estado en el restaurante le encanta hablar de él. Hasta tal punto mereció la atención de la prensa que *USA Today, The Wall Street Journal,* y otros medios, publicaron artículos sobre el sándwich. Discovery Channel grabó un reportaje para emitirlo en su programa *Best Food Ever.* David Beckham pidió uno cuando estuvo en la ciudad. David Letterman invitó al chef de Barclay a Nueva York para que le preparara uno en su *Late Show.* Tanto revuelo por algo que no deja de ser un bocadillo.

El revuelo ayudó. Barclay Prime abrió hace casi una década. Contra todo pronóstico, no sólo ha sobrevivido, sino que ha prosperado. Ha recibido varios premios gastronómicos y figura en las listas de los mejores asadores de Filadelfia año tras año. Pero, lo que es más importante, ha generado seguimiento. Barclay Prime enganchó.

¿Por qué se imponen los productos, las ideas y las conductas?

Hay muchos ejemplos de cosas que han triunfado: las pulseras amarillas Livestrong, el yogur griego desnatado, el modelo de gestión de Six Sigma, la prohibición del tabaco, las dietas bajas en calorías, y luego la moda de la dietas Atkins, South Beach y bajas en carbohidratos.

La misma dinámica tiene lugar a pequeña escala a nivel local. Un determinado gimnasio será el lugar de moda al que hay que ir. Una nueva iglesia o sinagoga se pondrá de moda. Todo el mundo respaldará un nuevo referéndum escolar.

Todos éstos son ejemplos de epidemias sociales. Casos en que productos, ideas y conductas se difunden. Empiezan con un pequeño grupo de individuos u organizaciones y se extienden de persona a persona, casi como si de un virus se tratase. O, en el caso del sándwich de cien dólares, de un virus exagerado y vaciador de carteras.

Sin embargo, a pesar de que es fácil encontrar ejemplos de contagio social, es mucho más difícil conseguir que algo realmente se imponga. Incluso a pesar de todo el dinero invertido en marketing y publicidad, pocos productos llegan a ser populares. La mayoría de restaurantes fracasan, la mayoría de negocios se hunden, y la mayoría de movimientos sociales no logran calar entre la gente. ¿Por qué algunos productos, ideas y conductas triunfan, y otros fracasan?

Una razón por la cual algunos productos e ideas se han hecho populares es que simplemente son mejores. Acostumbramos a preferir páginas web por las que sea más sencillo navegar, fármacos más eficaces, y teorías científicas verdaderas en lugar de falsas. De manera que, cuando aparece algo que presenta mejores características o funciona mejor, la gente tiende a adoptarlo. ¿Recuerdas cómo eran los voluminosos televisores y monitores de ordenador? Eran tan pesados e incómodos que tenías que pedirle a un par de amigos que te ayudasen a subirlos un tramo de escalera o te arriesgabas a hacerte daño en la espalda. Una razón por la cual triunfaron las pantallas planas es que eran mejores. No sólo tenían superficies más grandes, sino que, además, pesaban menos. No es de extrañar que se hicieran populares.

Otra razón por la cual los productos triunfan es su precio atractivo. Como es lógico, la mayoría de gente prefiere pagar menos, de manera que, si dos productos compiten entre sí, acostumbra a ganar el más barato. O, si una empresa rebaja sus precios a la mitad, ello tiende a contribuir a que aumenten las ventas.

La publicidad también tiene un papel importante. Los consumidores deben enterarse de que algo existe antes de comprarlo, así que la gente piensa que cuanto más invierta en publicidad, más probabilidades hay de que algo se haga popular. ¿Quieres que la gente coma más verduras? Invertir más en publicidad debería hacer aumentar el número de personas que reciban tu mensaje y compren más brécol.

No obstante, aunque la calidad, el precio y la publicidad contribuyen a que los productos y las ideas triunfen, no explican toda la historia.

Pensemos, por ejemplo, en los nombres Olivia y Rosalie. Ambos son magníficos nombres de chica. Olivia significa «olivo» en latín y se asocia con la fertilidad, la belleza y la paz. Rosalie es de origen latino y francés y viene de rosa. Los dos son aproximadamente igual de largos, acaban en vocal y tienen diminutivos monos y prácticos.

De hecho, miles de niñas son llamadas Olivia o Rosalie cada año. Pero, piensa por un momento en cuánta gente conoces con uno de esos nombres. ¿A cuántas mujeres llamadas Olivia y a cuántas llamadas Rosalie has conocido?

Apuesto a que conoces como mínimo a una Olivia, pero probablemente no conozcas a ninguna Rosalie. Apuesto a que conoces a varias Olivias.

¿Cómo lo he sabido? Olivia es un nombre mucho más popular. En 2010, por ejemplo, nacieron casi diecisiete mil Olivias en Estados Unidos, pero sólo cuatrocientas noventa y dos Rosalies. De hecho, a pesar de que el nombre de Rosalie fue un tanto popular en la década de 1920, nunca logró la popularidad alcanzada recientemente por Olivia.

Al tratar de explicar por qué Olivia se hizo más popular que Rosalie, los argumentos habituales de la calidad, el precio y la publicidad no sirven. No es que un nombre sea realmente «mejor» que el otro, ambos son gratis, por lo que no hay diferencia de precio. Además, tampoco hay ninguna campaña publicitaria que trate de convencer a todo el mundo de que llame a sus hijas Olivia, ni ninguna empresa decidida a que ese nombre se convierta en la cosa más popular desde Pokémon.

Lo mismo puede decirse de los vídeos de YouTube. No hay diferencia de precio (todos pueden verse gratis) y muy pocos reciben apoyo publicitario. Aunque algunos vídeos tienen más valor desde el punto de vista de la producción, la mayoría de los que llegan a ser virales[1] son borrosos y están desenfocados, rodados por un aficionado con una cámara barata o un teléfono móvil.

Entonces, si la calidad, el precio y la publicidad no explican por qué un nombre es más popular que otro, o por qué un vídeo de Youtube es visto más veces, ¿qué lo explica?

Transmisión social

Influencia social y boca a boca. A la gente le encanta compartir historias, noticias e información con los que la rodean. A nuestros amigos les recomendamos magníficos destinos turísticos, charlamos con nuestros vecinos sobre ofertas ventajosas, y cotilleamos con los compañeros de trabajo sobre potenciales despidos. Escribimos críticas de películas en internet, nos hacemos eco de rumores en Facebook y tuiteamos acerca de recetas que acabamos de probar. La gente intercambia más de dieciséis mil palabras al día y, cada hora que pasa, hay más de cien millones de conversaciones sobre marcas.

Sin embargo, el boca a boca no es sólo frecuente, sino que tiene un impacto considerable en lo que pensamos, leemos, compramos y ha-

1. Cuando utilizo la palabra «viral» en este libro, me refiero a algo que es probable que se extienda de una persona a otra. La analogía con la enfermedad es buena, pero sólo hasta cierto punto. Las enfermedades también se contagian, pero la única diferencia clave es la longitud esperada de la cadena de transmisión. Una persona puede ser fácilmente la originadora de una enfermedad que se transmite a unas cuantas personas, y de éstas a unas cuantas más, y así sucesivamente, hasta que se contagia un gran número de ellas, debido únicamente a aquel primer individuo. No obstante, esas cadenas largas serán menos habituales en el caso de productos e ideas (Goel, Watts y Goldstein, 2012). La gente comparte a menudo productos e ideas con los demás, pero la probabilidad de que una persona genere una cadena extremadamente larga es pequeña. Así que, por ejemplo, cuando digo que X hará que una idea sea viral, me refiero a que habrá más probabilidades de que se transmita de una persona a otra, independientemente de si acaba por generar una cadena larga o «infecta» a toda la población.

cemos. Visitamos páginas web que nos recomiendan nuestros vecinos, leemos libros ensalzados por nuestros familiares, votamos a los candidatos a los que apoyan nuestros amigos. El boca a boca es el factor principal que determina entre el 20 y el 50 por ciento de todas las decisiones de compra.

Por consiguiente, la influencia social tiene un peso enorme a la hora de hacer que los productos, ideas y conductas triunfen. El boca a boca de un nuevo cliente provoca un incremento de casi doscientos dólares en las ventas de un restaurante. Una valoración de cinco estrellas en Amazon.com conlleva que se vendan aproximadamente veinte libros más que si la valoración es de una estrella. Es más probable que los médicos receten un nuevo fármaco si conocen a otros médicos que lo han recetado. La gente tiene más probabilidades de dejar de fumar si sus amigos lo dejan y engorda si sus amigos son obesos. De hecho, aunque la publicidad tradicional sigue siendo útil, el boca a boca de la gente corriente es al menos diez veces más eficaz.

El boca a boca es más eficaz que la publicidad tradicional por dos razones fundamentales. En primer lugar, es más persuasivo. Habitualmente, los anuncios nos dicen lo bueno que es un producto. Lo hemos oído mil veces: cómo nueve de cada diez dentistas recomiendan Crest o cómo ningún detergente deja la ropa más limpia que Tide.

Sin embargo, dado que los anuncios siempre afirmarán que sus productos son los mejores, no son realmente creíbles. ¿Has visto alguna vez un anuncio de Crest que diga que sólo uno de cada diez dentistas lo prefiere? ¿O que cuatro de los otros nueve piensa que Crest te destrozará las encías?

En cambio, nuestros amigos suelen decirnos la verdad. Si piensan que Crest va bien, nos lo dirán. Pero si Crest tiene un sabor desagradable o no logra blanquear sus dientes, también nos lo dirán. Su objetividad, unida a su franqueza, hace que sea mucho más probable que confiemos, escuchemos y creamos a nuestros amigos.

En segundo lugar, el boca a boca es más directo. Las empresas tratan de anunciarse de manera que su mensaje llegue al mayor número de clientes interesados. Pensemos, por ejemplo, en una empresa que vende esquís. Los anuncios televisivos durante las noticias de la noche probablemente no serían demasiado eficaces porque muchos de los telespectadores no esquían, así que la empresa debería anunciarse en revistas especializadas o en el reverso de los *forfaits* de estaciones de esquí populares. No obstante, si bien esto garantizaría que a la mayoría de personas que viesen el anuncio les guste esquiar, la empresa seguiría perdiendo dinero, porque muchas de esas personas no necesitan unos esquís nuevos.

Por otra parte, el boca a boca va dirigido naturalmente a un público interesado. No comentamos una noticia ni hacemos una recomendación a todas las personas que conocemos, sino que tendemos a seleccionar a personas concretas para las cuales creemos que dicha información puede resultar más relevante. No vamos a hablarle a un amigo de unos esquís nuevos si sabemos que odia esquiar. Y no vamos a decirle a un amigo que no tiene hijos cuál es la mejor manera de cambiar unos pañales. El boca a boca suele llegar a gente que está realmente interesada en el tema. No es de extrañar que los clientes recomendados por amigos gasten más, compren más rápidamente y sean, en general, más rentables.

Un ejemplo especialmente bueno de cómo el boca a boca implica una mejor selección del objetivo me llegó por correo hace algunos años. De vez en cuando, los editores me envían libros gratis. Habitualmente tienen relación con el marketing, y el editor tiene la esperanza de que, si recibo un ejemplar gratuito, habrá más probabilidades de que se lo recomiende a mis alumnos (y así les haga vender un montón de ejemplares). Sin embargo, hace algunos años, una editorial hizo algo un tanto diferente. Me envió dos ejemplares del mismo libro. Bien, a menos que me equivoque, no hay razón para que lea el segundo ejemplar después de haber leído el primero. Pero los editores tenían otro objetivo en mente. Me enviaron una nota explicándome por qué consideraban que el libro sería bueno para mis alumnos, pero, además, mencionaron que me enviaban un segundo ejemplar para que se lo pudiera ceder a algún colega que pudiera estar interesado.

Así es como el boca a boca ayuda a seleccionar el objetivo. En lugar de enviar libros a todo el mundo, los editores hicieron que yo, y otros como yo, les seleccionáramos el objetivo. Como si se tratara de un foco reflector, cada receptor de los dos ejemplares buscaría entre su red social, encontraría a la persona para la cual el libro sería más relevante, y se lo entregaría

Generar el boca a boca

Pero ¿sabes qué es lo mejor del boca a boca? Está al alcance de todo el mundo. Tanto de las quinientas empresas más importantes según la revista *Fortune* que tratan de incrementar sus ventas, como de los restaurantes de la esquina que tratan de llenar sus mesas. Y tanto de las entidades sin ánimo de lucro que intentan combatir la obesidad, como de los políticos noveles que quieren ser elegidos. El boca a boca ayuda a que las cosas triunfen. El boca a boca ayuda incluso a que las empresas B2B consigan nuevos clientes gracias a los existentes. Además, no requiere que se inviertan millones de dólares en publicidad. Sólo necesita que la gente hable. El reto, sin embargo, es cómo conseguirlo.

Desde las empresas que empiezan hasta las jóvenes actrices que aspiran al estrellato, la gente cree que el futuro está en las redes sociales. Facebook, Twitter, YouTube y otros canales se consideran medios de lograr seguimiento y captar la atención de los consumidores. Las marcas publican anuncios, los aspirantes a músicos publican vídeos, y las pequeñas empresas publican ofertas. Las empresas y organizaciones se apelotonan para subirse al carro del marketing de moda. La lógica es aplastante. Si logran que la gente hable de sus ideas o comparta sus contenidos, se propagarán por las redes sociales como un virus, haciendo que consigan popularidad inmediatamente.

Sin embargo, este enfoque presenta dos problemas: la atención y la ejecución.

Ayúdame a realizar un rápido examen sorpresa. ¿Qué porcentaje de toda la comunicación boca a boca tiene lugar en internet? Dicho de otro modo, ¿qué porcentaje de lo que hablamos tiene lugar a través de redes sociales, blogs, correos electrónicos y grupos de chat?

Si eres como la mayoría de la gente, probablemente habrás respondido que alrededor del 50 o el 60 por ciento. Algunas personas creen que un 70 por ciento y otras que el porcentaje es muy inferior, pero, tras hacer esta pregunta a cientos de estudiantes y ejecutivos, he llegado a la conclusión de que la media se sitúa alrededor del 50 por ciento. La cifra tiene sentido. Al fin y al cabo, las redes sociales han despegado en los últimos tiempos. Millones de personas las utilizan a diario, y cada mes se transmiten miles de millones de contenidos. Estas tecnologías han hecho que sea más fácil y rápido compartir información con un gran número de personas.

Sin embargo, la cifra del 50 por ciento es incorrecta. Ni siquiera se aproxima a la realidad.

La cifra real es del siete por ciento. No el 47 ni el 27 por ciento, sino el siete por ciento. Un estudio realizado por el Keller Fay Group demuestra que sólo el siete por ciento de la comunicación boca a boca tiene lugar a través de internet.

La mayoría de gente se sorprende enormemente al oír esta cifra. «Es demasiado poco —protestan—. ¡La gente pasa muchísimo tiempo conectada a internet!» Es cierto. Efectivamente, la gente pasa mucho tiempo en internet; según algunos cálculos, casi dos horas al día. Pero olvidamos que la gente también pasa mucho tiempo sin conectarse.

De hecho, más de ocho veces más. Y eso es mucho tiempo para conversar.

También tenemos tendencia a sobreestimar el boca a boca en internet porque es más fácil de ver. Las páginas web de redes sociales proporcionan un práctico registro de los vídeos, comentarios y todos los otros contenidos que compartimos, de manera que, cuando las visitamos, parecen muchos. Sin embargo, no pensamos tanto en las conversaciones que tenemos fuera de internet durante el mismo espacio de tiempo, porque no son tan fáciles de apreciar. No hay un registro de la charla que tenemos con Susan después de comer o de la conversación con Tim mientras esperamos que los niños acaben el entrenamiento. Sin embargo, aunque no sean tan fáciles de ver, siguen teniendo gran influencia en nuestro comportamiento.

Además, aunque uno podría pensar que el boca a boca a través de internet llega a más gente, ese no es siempre el caso. Desde luego, las conversaciones online podrían llegar a más gente. Al fin y al cabo, mientras que las conversaciones cara a cara suelen ser entre dos, o entre un pequeño grupo de gente, un tuit o una actualización de estado en Facebook son enviados como media a más de cien personas. Sin embargo, no todos esos receptores potenciales verán realmente cada mensaje. La gente se ve inundada de contenidos a través de internet, así que no tiene tiempo para leer cada tuit, mensaje, o actualización que le llega. Un rápido ejercicio realizado entre mis estudiantes demostró que menos del 10 por ciento de sus amigos respondía a los mensajes que publicaban. La mayoría de publicaciones en Twitter llegaban aún a menos amigos. Las conversaciones online podrían llegar a un público mucho más amplio, pero, dado que las conversaciones en persona suelen ser más en profundidad, no está claro que las redes sociales sean la mejor forma de comunicarse.

De manera que, el primer problema de todo el revuelo acerca de las redes sociales es que la gente tiene tendencia a ignorar la importancia del boca a boca fuera de internet, a pesar incluso de que dichas conversaciones son más frecuentes y potencialmente más impactantes que las que se mantienen por la red.

El segundo problema es que Facebook y Twitter son tecnologías, no estrategias. El marketing del boca a boca sólo es eficaz si la gente habla realmente. Los altos funcionarios de salud pública pueden publicar diariamente en Twitter boletines sobre sexo seguro, pero si nadie los transmite, la campaña fracasará. Limitarse a crear una página de Facebook o a publicar en Twitter no significa que la gente vaya a enterarse o a hacer correr la voz. El 50 por ciento de los vídeos de YouTube son vistos por menos de quinientas personas. Sólo un tercio del uno por ciento recibe más de un millón de visitas. Para aprovechar el poder del boca a boca, tanto en internet como fuera de ella, es necesario entender por qué la gente habla y por qué lo hace de algunas cosas más que de otras. La psicología del intercambio. La ciencia social de la transmisión.

La próxima vez que estés charlando en una fiesta o comiendo algo con un compañero de trabajo, imagínate que eres una mosca en la pared que está escuchando disimuladamente la conversación. Puede que acabéis hablando de una nueva película o de un colega. Puede que habléis de las vacaciones, que mencionéis que alguien ha tenido un hijo, o que os quejéis de que hace un tiempo excepcionalmente caluroso.

¿Por qué? Podríais hablar de cualquier cosa. Hay millones de temas, ideas, productos e historias de las que podríais haber hablado. ¿Por qué habláis de esas cosas en concreto? ¿Por qué de esa historia, esa película o ese colega en particular, en lugar de otra cosa?

Algunas historias son más contagiosas, y determinados rumores son más pegadizos. En internet, ciertos contenidos llegan a ser virales, mientras que otros no se difunden. Algunos productos se transmiten por el boca a boca, mientras que otros ni se mencionan. ¿Por qué? ¿Qué provoca que se hable más de determinados productos, ideas y comportamientos?

De eso es de lo que trata este libro.

La intuición generalizada nos dice que el boca a boca depende de dar con la gente adecuada. Que determinados individuos son simplemente más influyentes que otros. En *La clave del éxito*, por ejemplo, Malcolm Gladwell sostiene que las epidemias sociales están impulsadas «por las campañas de un puñado de personas excepcionales» a las que denomina expertos, conectores y vendedores. Otros sugieren que «uno de cada diez norteamericanos le dice a los otros nueve qué votar, dónde comer y qué comprar». Los comerciantes gastan millones de dólares para encontrar a esos, así llamados, líderes de opinión, y conseguir que promocionen sus productos. Las campañas políticas buscan a esas personas «influyentes» para que apoyen a su partido.

La idea es que cualquier cosa que toquen esas personas especiales se convertirá en oro. Si respaldan o hablan de un producto o de una idea, éstos se harán populares.

Sin embargo, el saber popular se equivoca. Es cierto, todos conocemos a personas realmente persuasivas, y sí, algunas tienen más amigos que otras. Sin embargo, eso no las hace más influyentes a la hora de difundir información o hacer que las cosas se conviertan en virales.

Además, centrándonos en el mensajero, pasamos por alto un elemento del intercambio de información mucho más obvio: el mensaje.

Haciendo una analogía, pensemos en los chistes. Todos tenemos amigos que cuentan chistes mejor que nosotros. Siempre que cuentan un chiste la sala estalla en carcajadas.

Pero los chistes también varían. Algunos tienen tanta gracia que no importa quién los explique. Todo el mundo se ríe, aunque la persona que los cuente no sea tan graciosa. El contenido contagioso es así, tan intrínsecamente viral que se extiende independientemente de quién hable de él, de que los mensajeros sean realmente persuasivos, o de que tengan diez o diez mil amigos.

Entonces ¿qué es lo que hace que la gente quiera divulgar un mensaje? Como es lógico, los «gurús» de las redes sociales y los profesionales del boca a boca han hecho muchas deducciones. Una teoría predominante es que lo que hace que algo se convierta en viral depende totalmente del azar, que es imposible predecir si un determinado vídeo o contenido se difundirá mucho. Otras personas conjeturan basándose en estudios y anécdotas. Como muchos de los vídeos más populares de YouTube son graciosos o tiernos —en los que aparecen gatitos o bebés— suele decirse que el humor y la ternura son ingredientes clave para que algo se convierta en viral.

Sin embargo, esas «teorías» olvidan que muchos vídeos graciosos o tiernos no llegan nunca a hacerse populares. Desde luego, algunos vídeos de gatitos reciben millones de visitas, pero son la excepción, no la norma. La mayoría son vistos por menos de unas cuantas docenas de personas.

Podrías observar que Bill Clinton, Bill Gates y Bill Cosby son famosos y llegar a la conclusión de que cambiarse el nombre y pasar a llamarte Bill es el camino a la fama y a la fortuna. Aunque la apreciación inicial es correcta, salta a la vista que la conclusión es ridícula. Al limitarse a observar un puñado de éxitos virales, la gente pasa por alto el hecho de que muchas de sus características también están presentes en obras que no consiguen nada de audiencia. Para comprender plenamente qué es lo que hace que la gente comparta cosas, hay que fijarse tanto en los éxitos como en los fracasos. Y en sí, por lo general, determinadas características están relacionadas con el éxito.

¿Algunas cosas están predestinadas al boca a boca?

Llegados a este punto te dirás, vale, algunas cosas son más contagiosas que otras. Pero ¿es posible hacer que algo sea contagioso, o algunas cosas lo son por naturaleza?

Los teléfonos inteligentes suelen ser más apasionantes que las declaraciones de renta, y las películas de Hollywood son más guay que las tostadoras o las batidoras.

¿Los fabricantes de los primeros lo tienen mejor que los de las segundas? ¿Algunos productos e ideas han nacido para ser contagiosos, mientras que otros no? ¿O es posible conseguir que cualquier producto o idea sea más contagioso?

Tom Dickson estaba buscando un nuevo empleo. Había nacido en San Francisco y su fe mormona le llevó a matricularse en la Universidad Brigham Young de Salt Lake City, donde obtuvo el título de ingeniero en 1971. Después de la graduación regresó a su casa, pero el mercado laboral era complicado y no había demasiadas oportunidades. El único empleo que pudo obtener fue en una empresa dedicada a la fabricación de dispositivos intrauterinos y para el control de la natalidad. Dichos artículos servían para evitar embarazos, pero también podían ser considerados abortivos, lo cual iba en contra de las creencias mormonas de Tom. ¿Un mormón contribuyendo al desarrollo de nuevos métodos de control de la natalidad? Había llegado el momento de encontrar otro trabajo.

A Tom siempre le había interesado hacer pan. Mientras se dedicaba a su hobby, se dio cuenta de que no había molinillos domésticos baratos para hacer harina. De modo que Tom puso en práctica sus conocimientos en ingeniería. Tras experimentar con un motor tragallamas de diez dólares, improvisó un artilugio que molía harina por un precio más barato que cualquier otro aparato del mercado.

El molinillo era tan bueno que Tom empezó a fabricarlo a mayor escala. El negocio iba bastante bien, y probar diferentes métodos de procesado de alimentos le llevó a interesarse por otras batidoras más generales. Al poco tiempo, se trasladó de nuevo a Utah para crear su propia empresa de batidoras. En 1995 produjo su primera batidora doméstica, y en 1999 fundó Blendtec.

Sin embargo, aunque el producto era magnífico, en realidad nadie conocía su existencia. No tenía visibilidad. Así que, en 2006, Tom contrató a George Wright, otro alumno de la BYU, como director de marketing. Más adelante, George bromearía diciendo que el presupuesto de marketing de su anterior empresa era superior a la totalidad de los ingresos de Blendtec.

Uno de sus primeros días en el puesto, George se dio cuenta de que había un montón de serrín en el suelo de la planta de producción. Como no se estaban realizando obras, le pareció desconcertante. ¿Qué estaba pasando?

Resultó que Tom estaba en la fábrica haciendo lo que hacía cada día: intentar romper las batidoras. Para comprobar la resistencia y la potencia de las batidoras Blendtec, Tom introducía tablas de dos por dos, entre otros objetos, en los aparatos y los conectaba; de ahí el serrín.

George tuvo una idea que haría famosas a las batidoras de Tom.

Con un escaso presupuesto de cincuenta dólares (no cincuenta millones o siquiera cincuenta mil), George fue a comprar canicas, pelotas de golf y un rastrillo. También compró una bata blanca para Tom, exactamente igual que la que llevaría un científico de laboratorio. Colocó a Tom junto a una batidora delante de una cámara. George le pidió a Tom que hiciera exactamente lo que había hecho con las tablas: comprobar si se molían.

Imagínate coger un puñado de canicas y echarlas en tu batidora. No canicas baratas hechas de plástico o arcilla, sino de las auténticas. Bolas de un centímetro hechas de cristal sólido. Tan duras que podrían resistir que un coche les pasase por encima. Eso es exactamente lo que hizo Tom. Dejó caer cincuenta canicas de cristal en una de sus batidoras, y pulsó el botón de velocidad baja. Las canicas rebotaron frenéticamente en la batidora, con un golpeteo que recordaba una granizada sobre el techo de un coche.

Tom esperó quince segundos y paró la máquina. Levantó la tapa cuidadosamente mientras de dentro salía un humo blanco: polvo de cristal. Todo lo que quedaba de las canicas era un polvo fino que parecía harina. En lugar de estropearse, la prueba le había servido de calentamiento. Las pelotas de golf quedaron pulverizadas, y el rastrillo quedó reducido a un montón de astillas. George colgó los vídeos en YouTube y cruzó los dedos.

Su intuición fue acertada. La gente estaba alucinada. Le encantaron los vídeos. Les asombró la potencia de la batidora y la calificaron de «increíblemente impresionante» o «la batidora suprema». Algunos no podían creer que lo que estaban viendo fuera posible. Otros se preguntaban qué otra cosa podría pulverizar la batidora. ¿Discos duros de ordenador? ¿Una espada de samurai?

Durante la primera semana, los vídeos alcanzaron los seis millones de visitas. Tom y George habían marcado un gol viral.

Tom siguió moliendo de todo, desde encendedores Bic hasta mandos de la consola Nintendo Wii. Probó con varitas luminosas, CD de Justin Bieber, e incluso con un iPhone. Las batidoras Blendtec no sólo pulverizaron todos esos objetos, sino que la serie de vídeos titulada *Will It Blend?* (¿Se molerá?) recibió más de 300 millones de visitas. En el espacio de dos años, la campaña hizo que las ventas al por menor de batidoras aumentasen un 700 por ciento. Todo a partir de vídeos realizados con menos de cien dólares cada uno. Y de un producto que parecía todo menos susceptible de ser recomendado por el boca a boca. Una vieja y aburrida batidora corriente.

La historia de Blendtec demuestra uno de los puntos clave del marketing. Las cosas no nacen virales, sino que se hacen.

Y eso, sin duda, es una buena noticia.

Algunas personas tienen suerte. Sus ideas e iniciativas resultan ser cosas que provocan gran entusiasmo y repercusión.

Pero, tal como nos enseña la historia de Blendtec, incluso los productos cotidianos y normales pueden promocionarse gracias al boca a boca si alguien descubre la forma adecuada de hacerlo. Independientemente de lo sencillo o aburrido que pueda parecer un producto o una idea, hay formas de hacer que se convierta en algo contagioso.

Así que, ¿cómo podemos diseñar productos, ideas y comportamientos de los que la gente hable?

Estudiando la influencia social

Mi camino hacia el estudio de las epidemias sociales fue todo menos directo. Mis padres no creían en dar a sus hijos caramelos o televisión y, en cambio, nos premiaban con recompensas educativas. Recuerdo haberme sentido especialmente emocionado durante unas vacaciones en las que me regalaron un libro de problemas de lógica, el cual me dediqué a estudiar durante los meses siguientes. Aquella experiencia fomentó mi interés en las matemáticas y en las ciencias y, tras realizar un proyecto de investigación en el instituto sobre hidrología urbana (cómo la composición de la cuenca de un arroyo afecta a su forma), entré en la universidad creyendo que me convertiría en ingeniero medioambiental. Sin embargo, en la universidad sucedió algo curioso. Mientras asistía a una de las «difíciles» clases de ciencias, empecé a preguntarme si podría aplicar las mismas herramientas para estudiar fenómenos sociales complejos. Siempre me había gustado observar a la gente, y cuando miraba la televisión, me cautivaban más los anuncios que los programas. Sin embargo, me di cuenta de que, en lugar de limitarme a cavilar abstractamente sobre por qué la gente hacía cosas, podía aplicar el método científico para encontrar las respuestas. Las mismas herramientas de investigación utilizadas en biología y química podían utilizarse para entender la influencia social y la comunicación interpersonal.

De manera que empecé a cursar psicología y sociología y me dediqué a investigar cómo la gente se percibe a sí misma y a los demás. Al cabo de unos años, mi abuela me envió la crítica de un libro que creía que podía encontrar interesante. Se titulaba *La clave del éxito*.

El libro me encantó y empecé a leer todo lo que pude encontrar relacionado con el tema. Sin embargo, había un punto singular que me resultaba frustrante. Las ideas del libro eran extraordinariamente convincentes, pero eran básicamente descriptivas. No cabe duda de que algunas cosas enganchan, pero ¿por qué? ¿Cuál era el comportamiento humano subyacente que impulsaba esos resultados? Eran preguntas interesantes que requerían respuestas. Decidí empezar a buscarlas.

Tras mi doctorado y después de una década de investigación, he descubierto algunas respuestas. Los últimos diez años, recientemente como profesor de marketing en la Wharton School de la Universidad de Pennsylvania, he estudiado este y otros temas relacionados. Con un extraordinario grupo de colaboradores he investigado cosas como:

- Por qué determinados artículos de *The New York Times* o vídeos de YouTube se vuelven virales.
- Por qué algunos productos se recomiendan por el boca a boca.
- Por qué se difunden determinados mensajes políticos.
- Cuándo y por qué determinados nombres de bebés se ponen de moda o desaparecen.
- Cuándo la publicidad negativa incrementa o disminuye las ventas.

Hemos analizado nombres de bebés a lo largo de cientos de años, miles de artículos de *The New York Times*, y millones de compras de coches. Hemos pasado cientos de horas recopilando, codificando y analizando desde marcas y vídeos de YouTube hasta leyendas urbanas, críticas de productos y conversaciones cara a cara. Todo ello con la finalidad de entender la influencia social y qué hace que determinadas cosas alcancen popularidad.

Hace algunos años empecé a dar un curso en Wharton titulado «Contagioso». La premisa era simple. Tanto si te dedicas al marketing, a la política, a la ingeniería, o a la sanidad pública, tienes que saber cómo hacer que tus productos e ideas se impongan. Los gerentes de marcas quieren que sus productos tengan más repercusión. Los políticos quieren que sus ideas se difundan entre la población. Los funcionarios de sanidad quieren que la gente cocine en lugar de comer comida rápida. Cientos de universitarios, estudiantes de másteres y ejecutivos han asistido al curso y han aprendido cómo la influencia social hace que los productos, las ideas y las conductas triunfen.

De vez en cuando, recibía correos electrónicos de personas que no podían apuntarse al curso. Habían oído hablar de él a algún amigo y les gustaba el temario, pero tenían problemas de horario o no se habían enterado a tiempo para matricularse. Así que me preguntaban si existía algún libro que les permitiese ponerse al día de lo que se habían perdido.

No cabe duda de que hay libros magníficos sobre el tema. *La clave del éxito*, de Malcom Gladwell, es una lectura fantástica. Sin embargo, a pesar de estar repleto de historias entretenidas, la ciencia ha avanzado mucho desde su publicación hace más de una década. *Pegar y pegar*, de Chip y Dan Heath, es otro de mis libros favoritos (en honor a la verdad, Chip fue mi mentor en el programa de posgrado, así que la manzana nunca cae demasiado lejos del árbol). Entreteje historias ingeniosas e investigaciones académicas sobre psicología cognitiva y memoria humana. No obstante, aunque el libro de los Heath se centra en que las ideas «enganchen» —en hacer que la gente las recuerde—, no se ocupa tanto de cómo hacer que los productos y las ideas se extiendan, o en hacer que la gente los divulgue.

Así que, siempre que alguien me preguntaba qué podía leer acerca de qué provoca el boca a boca, le remitía a los diversos artículos académicos que tanto yo como otros autores habíamos publicado sobre el tema. Indefectiblemente, algunas personas me contestaban dándome las gracias, pero pidiéndome algo más «asequible». En otras palabras, algo que fuera riguroso, pero menos árido que los típicos artículos plagados de jerga de las publicaciones académicas. Un libro que les proporcionase los principios basados en la investigación para entender por qué las cosas se imponen.

Este es ese libro.

Seis principios de contagio

Este libro explica qué hace que los contenidos sean contagiosos. Por «contenidos» me refiero a historias, noticias e información. Productos e ideas, mensajes y vídeos. Todo, desde la recaudación de fondos en la emisora de radio pública local hasta los mensajes sobre sexo seguro que queremos transmitir a nuestros hijos. Por «contagiosos» me refiero a que tienen probabilidades de extenderse. De difundirse de una persona a otra mediante el boca a boca y la influencia social. De que se hable de ellos, se compartan y de que los consumidores, los compañeros de trabajo y los electores los imiten.

A lo largo de nuestra investigación, mis colaboradores y yo encontramos ciertos temas o atributos comunes en una amplia gama de contenidos contagiosos. Una receta, por así decirlo, para hacer que los productos, las ideas y los comportamientos tengan más probabilidades de hacerse populares.

Pensemos, por ejemplo, en los vídeos de *¿Se molerá?* o en el sándwich de cien dólares de Barclay Prime. Ambas historias provocan emociones como la sorpresa o el asombro: ¿Quién iba a pensar que una batidora podría destrozar un iPhone, o que un sándwich de carne costaría casi cien dólares? Además, ambas historias son realmente excepcionales, por lo que hacen que quien las cuenta parezca guay. Y ambas proporcionan información útil: siempre es interesante conocer productos que van bien o restaurantes que sirven buena comida.

Del mismo modo que las recetas a menudo requieren azúcar para endulzar algo, continuamente encontramos los mismos ingredientes en anuncios que se han convertido en virales, en artículos periodísticos ampliamente divulgados, o en productos que se han recomendado a través del boca a boca.

Tras analizar cientos de mensajes, ideas y productos contagiosos, nos dimos cuenta de que frecuentemente estaban presentes los mismos seis «ingredientes» o principios. Seis pasos clave, o STEPPS,* como yo los he definido, que hacen que se hable de las cosas, que se compartan y se imiten.

Principio 1: Moneda social
¿Qué imagen tiene la gente cuando habla de un producto o de una idea? La mayoría de personas preferirían parecer listas que tontas, ricas que pobres y enrolladas que frikis. Igual que sucede con la ropa

* Social Currency, Triggered, Emotional, Public, Practical Value y Stories. El acrónimo STEPPS presenta una grafía y una fonética muy similar a «steps»: pasos. (*N. del t.*)

que nos ponemos o los coches que conducimos, aquello de lo que hablamos influye en la imagen que los demás tienen de nosotros. Es una moneda social. Conocer cosas guais —como una batidora que puede moler un iPhone— hace que la gente parezca aguda y enterada. De modo que, para conseguir que la gente hable de algo, tenemos que crear mensajes que le ayuden a provocar la impresión deseada. Tenemos que encontrar nuestra excepcionalidad interna y hacer que la gente se sienta privilegiada. Tenemos que aprovechar la mecánica de juegos para proporcionar a la gente formas de conseguir símbolos visibles de estatus que puedan mostrar a los demás.

Principio 2: Activadores

¿Cómo podemos recordarle a la gente que hable de nuestros productos e ideas?

Los activadores son estímulos que hacen que la gente piense en cosas relacionadas con algo. La mantequilla de cacahuete nos recuerda a la mermelada, y la palabra «perro» nos recuerda a la palabra «gato». Si vives en Filadelfia, ver un sándwich de carne tal vez te recuerde al que cuesta cien dólares en Barclay Prime. La gente a menudo habla de lo que le pasa por la cabeza, así que, cuanto más se piense en un producto o una idea, más se hablará de ellos. Tenemos que diseñar productos e ideas que sean activados frecuentemente en la mente por el entorno, y crear nuevos activadores vinculando nuestros productos e ideas a los impulsos habituales en dicho entorno. Lo primero que se piensa es lo primero que se dice.

Principio 3: Emoción

Si algo nos importa, lo compartimos. Así que, ¿cómo podemos crear mensajes e ideas que provoquen sentimientos en la gente? Los contenidos contagiosos por naturaleza habitualmente evocan alguna clase de emoción. Moler un iPhone es algo sorprendente. Una posible subida de impuestos es irritante. Las cosas que provocan emociones a menudo se comparten. De modo que, en lugar de insistir en la función, tenemos que centrarnos en los sentimientos. Sin embargo, como se verá, algunas emociones hacen que compartamos más y otras menos, por lo que tenemos que escoger las emociones adecuadas que queremos provocar. Tenemos que encender el fuego. A veces, incluso las emociones negativas pueden ser útiles.

Principio 4: Publicidad

¿Puede ver la gente que otros están utilizando nuestro producto o comportándose como queremos? La famosa frase «¿Dónde va Vicente? Donde va la gente», expresa más que la simple tendencia humana a imitar. También nos indica que es difícil copiar algo si no se ve. Hacer que las cosas sean más visibles hace que sean más fáciles de imitar, lo cual conlleva que tengan más probabilidades de hacerse populares. De modo que tenemos que hacer que nuestros productos e ideas sean más públicos. Tenemos que diseñar productos, ideas e iniciativas que se anuncien por sí solos y creen pautas de comportamiento que permanezcan incluso cuando la gente ya haya comprado el producto o asumido la idea.

Principio 5: Valor práctico

¿Cómo podemos crear contenidos que parezcan útiles? A las personas les gusta ayudar a los demás, así que, si logramos demostrarles que nuestros productos o ideas ahorran tiempo y dinero, o mejoran la salud, harán correr la voz. Sin embargo, teniendo en cuenta lo saturada de información que está la gente, tenemos que hacer que nuestro mensaje destaque. Tenemos que entender qué es lo que hace que algo parezca especialmente bueno. Debemos resaltar el increíble valor de lo que ofrecemos, ya sea desde un punto de vista económico o desde cualquier otro. Y tenemos que presentar nuestro conocimiento y competencia de manera que a la gente le resulte fácil de transmitir.

Principio 6: Historias

¿Cómo podemos presentar nuestra idea en un relato más amplio? La gente no sólo intercambia información, sino que cuenta historias. Sin embargo, igual que sucede en la narración épica del caballo de Troya, las historias son recipientes que transportan moralejas y lecciones. La información viaja bajo la forma de conversaciones frívolas. De manera que tenemos que construir nuestros propios caballos de Troya, insertando nuestros productos e ideas en historias que la gente quiera contar. No obstante, tenemos que hacer algo más que limitarnos a explicar una gran historia. Debemos lograr que se convierta en una historia viral. Tenemos que hacer que nuestro mensaje esté tan integrado en el relato que la gente no pueda explicar la historia sin él.

Estos principios que he resumido con el acrónimo STEPPS son los seis principios del contagio: productos o ideas que sean moneda social, activados, emotivos, públicos, tengan valor práctico, y se presenten envueltos en historias. Cada capítulo de este libro se centra en uno de estos principios. Los capítulos recopilan investigaciones y ejemplos que demuestran la ciencia existente detrás de cada principio y cómo los individuos, las empresas y las organizaciones han aplicado dichos principios para contribuir a que sus productos, ideas y comportamientos se impongan.

Podemos considerar que los principios son los seis pasos necesarios para crear contenidos contagiosos. Estos ingredientes hacen que las ideas tengan éxito y se hable de ellas. La gente empezó a hablar del sándwich de carne de Barclay Prime porque le servía de moneda social, se activaba (proliferación de los sándwiches de carne en Filadelfia), provocaba emoción (era algo muy sorprendente), tenía valor práctico (información sobre un restaurante de gran calidad), y se presentaba envuelto en una historia. Procesar estos ingredientes en mensajes, productos o ideas, hará que tengan más probabilidades de divulgarse y adquirir popularidad. Espero que ordenar los principios de este modo conllevará que sean más fáciles de recordar y de utilizar.[2]

2. Nótese, sin embargo, que la analogía con una receta presenta un fallo. Los principios se diferencian de una receta porque no es necesario utilizar los seis para que un producto o idea sea contagioso. Cuantos más haya mejor, desde luego, pero, por ejemplo, no quiere decir que un producto público vaya a fracasar si no está envuelto

Este libro ha sido diseñado con dos públicos (superpuestos) en mente. Es posible que siempre te hayas preguntado por qué la gente cotillea, por qué los contenidos de internet se vuelven virales, por qué se extienden los rumores, o por qué la gente siempre parece hablar de los mismos temas alrededor de la máquina de café. Hablar y compartir son dos de nuestros comportamientos más básicos. Son actos que nos conectan, nos determinan y nos hacen humanos. Este libro arroja algo de luz sobre los procesos psicológicos y sociológicos subyacentes bajo la ciencia de la comunicación social.

Este libro también ha sido diseñado para las personas que quieren que sus productos, ideas y comportamientos se difundan. Las empresas grandes y pequeñas de todas las industrias quieren que sus productos sean populares. La cafetería del barrio quiere tener más parroquianos, los abogados quieren tener más clientes, los cines quieren tener más espectadores, y los blogueros quieren tener más visitas y recomendaciones. Las organizaciones sin ánimo de lucro, los legisladores, los científicos, los políticos, y muchas personas de otros ámbitos, también tienen «productos» o ideas que quieren que se impongan. Los museos quieren tener más visitantes, los refugios caninos quieren conseguir más adopciones, y los conservacionistas quieren que haya más personas que se manifiesten contra la deforestación.

Tanto si eres el director de una gran compañía, el propietario de

---

en una historia. De manera que hay que pensar en estos principios no tanto como una receta, sino como en apetitosos condimentos de una ensalada. Las ensaladas Cobb, por ejemplo, suelen llevar pollo, tomate, bacon, huevo, aguacate y queso. Sin embargo, una ensalada que sólo lleve queso y bacon también es deliciosa. Los principios son relativamente independientes, así que puedes elegir los que quieras aplicar.

Algunos principios son más fáciles de aplicar en determinados tipos de ideas o iniciativas. Las organizaciones sin ánimo de lucro suelen saber cómo despertar emoción y, a menudo, es más fácil lograr visibilidad pública de productos o comportamientos que tienen un componente físico. Dicho esto, los contenidos contagiosos suelen proceder de aplicar principios que originariamente podrían parecer improbables. Las batidoras resistentes ya tenían un valor práctico, pero la serie de vídeos *Will it blerd?* se convirtió en viral porque descubrió la forma de hacer que la batidora fuese una moneda social. El vídeo mostraba cómo un producto aparentemente normal era en realidad extraordinario.

una pequeña empresa que quiere ganar visibilidad, un político que opta a un cargo, o un funcionario de sanidad que quiere hacer oír su voz, este libro te ayudará a entender cómo hacer que tus productos e ideas sean más contagiosos. Proporciona un marco y una serie de técnicas específicas y aplicables para ayudar a divulgar la información; para diseñar historias, mensajes e informaciones de manera que la gente las comparta. Independientemente de que esas personas tengan diez o diez mil amigos, e independientemente de que sean abiertas y persuasivas o reservadas y tímidas.

Este libro proporciona una ciencia innovadora acerca de cómo funciona el boca a boca y la transmisión social, y cómo pueden aprovecharse para hacer que los productos y las ideas triunfen.

Capítulo 1
Moneda social

Entre los edificios de piedra rojiza y las tiendas de moda retro de Saint Mark's Place, cerca de Tompkins Square Park, en Nueva York, verás un pequeño restaurante. Tiene un gran letrero rojo brillante con forma de perrito caliente con la palabra «cómeme» escrita en lo que parece mostaza. Bajas un pequeño tramo de escalera y te encuentras en un auténtico cuchitril en el que se venden perritos calientes. Las largas mesas disponen de todos los condimentos habituales, se puede jugar a un gran número de videojuegos antiguos y, por supuesto, pedir un menú para morirse de gusto.

Se ofrecen diecisiete variedades de perritos calientes. Todos los tipos de salchichas que puedas imaginar. El Good Morning es un perrito caliente envuelto en bacon, suavizado con queso fundido y cubierto con un huevo frito. El Tsunami lleva teriyaki, piña y cebollas verdes. Y los puristas pueden pedir el New Yorker, un clásico frankfurt a la parrilla ciento por ciento de carne de vacuno.

Pero vayamos más allá de los manteles de cuadros y de los modernos que disfrutan de sus perritos calientes. ¿Ves esa cabina telefónica de madera colocada en un rincón? Esa que parece una en las que entra Clark Kent a toda prisa para convertirse en Superman. Adelante, echa una ojeada al interior.

Verás un antiguo teléfono de disco, de esos con agujeros para marcar los números. Sólo por divertirte, mete un dedo en el agujero del número 2 (ABC). Haz girar el disco en el sentido de las agujas del reloj mientras sostienes el auricular pegado a la oreja.

Para tu asombro, alguien responde. Una voz pregunta, «¿Tiene usted reserva?» ¿Reserva?

Sí, reserva. Obviamente no tienes. ¿Para que ibas a tener que reservar? ¿Una cabina telefónica en un rincón de un restaurante de perritos calientes?

Sin embargo, parece que hoy es tu día de suerte: te encuentran mesa. De repente, el fondo de la cabina se abre —¡es una puerta secreta!— y accedes a un bar clandestino llamado, como no podía ser de otro modo, Please Don't Tell.*

En 1999, Brian Shebairo y su amigo de la infancia Chris Antista, decidieron introducirse en el negocio de los perritos calientes. La pareja se había criado en New Jersey, comiendo en lugares famosos como Rutt's Hut y Johnny & Hanges, y querían trasladar la misma experiencia gastronómica a la ciudad de Nueva York. Tras dos años de I+D, viajando en moto por la costa Este y probando los mejores perritos, Brian y Chris estaban preparados. El 6 de octubre de 2001, abrieron Crif Dogs en East Village. El nombre procedía del sonido que salió de la boca de Brian un día que intentó decir el nombre de Chris mientras masticaba un perrito caliente.

Crif Dogs fue un gran éxito y obtuvo el premio al mejor perrito caliente en varias publicaciones. Sin embargo, a medida que pasaban los años, Brian buscaba un nuevo reto. Quería abrir un bar. Crif Dogs siempre había tenido licencia para servir bebidas alcohólicas, pero nunca había hecho uso plenamente de ella. Habían experimentado con una máquina que hacía margaritas helados y, de vez en cuando, guardaban una botella de Jägermeister en la nevera, pero para hacerlo bien necesitaban más espacio. En el edificio de al lado había una tienda de *bubble tea* (té de burburjas) que estaba pasando por dificultades. El abogado de Brian le dijo que, si conseguía el local, podría transferir la licencia. Tras tres años de insistencia, el vecino acabó por ceder.

Sin embargo, ahora venía lo complicado. Nueva York está plagada de bares. En un radio de cuatro manzanas de Crif Dogs hay más de sesenta locales donde tomar una copa. Unos cuantos están incluso en la misma manzana. Al principio, Brian tenía en mente abrir un antro

* Por favor, no lo cuentes. (*N. del t.*)

de rock and roll. Pero la cosa no acababa ahí. El concepto tenía que ser algo más sorprendente. Algo de lo que la gente hablara y que atrajese al público.

Un día, Brian se encontró con un amigo que tenía un negocio de antigüedades. Un gran mercadillo al aire libre en el que vendía desde aparadores art déco hasta ojos de cristal y leopardos disecados. El tipo le dijo que había encontrado una cabina telefónica de los años treinta en perfecto estado que creía que podía quedar muy bien en el bar de Brian.

Brian tuvo una idea.

Cuando Brian era pequeño, su tío trabajaba de carpintero. Aparte de ayudar a construir casas y hacer las cosas que hacen habitualmente los carpinteros, el tío construyó una habitación en el sótano que tenía puertas secretas. Tampoco es que las puertas estuvieran demasiado ocultas, se trataba simplemente de madera disimulada entre más madera, pero si empujabas en el lugar adecuado, podías acceder a un almacén escondido. No había ninguna guarida ni ningún botín oculto, pero de todas formas era guay.

Brian decidió convertir la cabina telefónica en la puerta de entrada a un bar secreto.

En el Please Don't Tell todo indica que se te ha permitido la entrada a un lugar secreto muy especial. No encontrarás ningún cartel en la calle. No lo verás anunciado en vallas publicitarias ni en revistas. Y la única forma de entrar es a través de una cabina telefónica semioculta en un restaurante de perritos calientes.

Obviamente, esto no tiene sentido. ¿Acaso no dicen los comerciantes que la publicidad impactante y la accesibilidad son la piedra angular de un negocio de éxito?

Please Don't Tell nunca se ha anunciado. No obstante, desde su inauguración en 2007, es uno de los locales de Nueva York en los que es más difícil hacer una reserva. Sólo se aceptan reservas para el mismo día, y la cola empieza a las tres en punto de la tarde. Las plazas son por orden de llegada. La gente marca enloquecida una y otra vez con la esperanza de que entre su llamada cuando la línea quede libre. A las tres y media todas las plazas están ocupadas.

Please Don't Tell no trata de ampliar su mercado. No te acosan en la puerta ni te venden el bar con una página web atractiva. Es un claro ejemplo de «marca hallazgo». Jim Meehan, el genio encargado de la carta de cócteles de Please Don't Tell, diseñó la experiencia del cliente con ese objetivo en mente. «La mejor publicidad es la recomendación personal —dijo—. No hay nada tan viral o contagioso como que uno de tus amigos vaya a un sitio y te lo recomiende fervientemente.» ¿Y qué podría ser más extraordinario que ver a la gente desaparecer dentro de una cabina telefónica?

Por si no ha quedado demasiado claro, os diré un secreto sobre los secretos: normalmente no se mantienen en secreto demasiado tiempo.

Piensa en la última vez que alguien te contó un secreto. ¿Recuerdas con qué seriedad te suplicó que no se lo contaras a nadie? ¿Y recuerdas qué fue lo que hiciste a continuación?

Bien, si eres como la mayoría de la gente, probablemente fuiste y se lo contaste a alguien. (No te sientas mal, tu secreto está a salvo conmigo.) Resulta que, si algo es secreto, es más probable que la gente hable de ello. ¿La razón? Moneda social.

La gente comparte cosas que le hace tener mejor imagen ante los demás.

Acuñando un nuevo tipo de moneda

A los niños les encantan los proyectos artísticos. Ya sea dibujando con lápices de colores, pegando macarrones en cartulina, o construyendo complicadas esculturas con material reciclado, disfrutan del placer que les proporciona crear cosas. Sin embargo, sea cual sea el tipo de proyecto, medio o lugar, cuando terminan todos hacen lo mismo.

Se lo enseñan a alguien.

«Compartir lo nuestro» es algo que nos acompaña a lo largo de nuestra vida. Explicamos a nuestros amigos la ropa que nos hemos comprado y le enseñamos a nuestros familiares el artículo de opinión que vamos a enviar al periódico local. Este deseo de compartir nuestros pensamientos, opiniones y experiencias es una de las razones por las cuales los medios de comunicación y las redes sociales se han hecho tan populares. La gente escribe en blogs sobre sus preferencias, publica actualizaciones de estado en Facebook diciendo qué ha comido, y tuitea acerca de los motivos por los cuales odia al Gobierno actual. Como han señalado muchos observadores, las personas actualmente adictas a las redes sociales, parecen no poder dejar de compartir —lo que piensan, lo que les gusta y lo que quieren— con todo el mundo todo el tiempo.

De hecho, las investigaciones demuestran que más del 40 por ciento de las cosas de las que habla la gente son experiencias o relaciones personales. De manera parecida, alrededor de la mitad de los tuits están centrados en uno mismo y hacen referencia a lo que uno está haciendo en ese momento o a algo que le ha sucedido. ¿Por qué habla tanto la gente de sus propias actitudes y experiencias?

No se trata sólo de vanidad. Los neurocientíficos de Harvard, Jason Mitchell y Diana Tamir, descubrieron que revelar información sobre uno mismo es intrínsecamente gratificante. En un estudio, Mitchell y Tamir realizaron tomografías cerebrales a los sujetos y les pidieron que compartiesen sus propias opiniones y actitudes («me gusta el *snowboard*») o las opiniones y actitudes de otra persona («le gustan los cachorros»). Descubrieron que compartir sus opiniones personales activaba los mismos circuitos cerebrales que responden a sensaciones gratificantes como la comida o el dinero. De manera que, hablar de lo que has hecho el fin de semana puede ser tan agradable como comer una porción de un delicioso pastel de chocolate.

De hecho, a las personas les gusta tanto compartir sus opiniones que están incluso dispuestas a pagar por ello. En otro estudio, Tamir y Mitchell pidieron a los sujetos que realizasen una serie de pruebas básicas en las que tenían que tomar decisiones. Los participantes podían escoger entre esperar unos segundos o responder a una pregunta sobre sí mismos (como, por ejemplo, «¿Te gustan los sándwiches?») y compartirla con los demás. Los sujetos optaron cientos de veces por estas decisiones rápidas. Pero, para hacerlo todavía más interesante, Tamir y Mitchell variaron la cantidad de dinero que podían recibir por escoger una opción determinada. En algunas pruebas, la gente podía cobrar un par de centavos si decidía esperar unos segundos. En otros, podía cobrar un par de centavos más si decidía revelar cosas sobre sí misma.

¿Cuál fue el resultado? La gente estaba dispuesta a renunciar al dinero con tal de compartir sus opiniones. En general, estaba dispuesta a asumir una reducción del 25 por ciento por compartir sus pensamientos. La gente consideraba que expresar su opinión valía un centavo más que limitarse a no hacer nada durante cinco segundos. Esto supone una nueva interpretación de la vieja máxima. Tal vez, en lugar de darle a la gente un penique por sus pensamientos deberíamos cobrar por escuchar.

Está claro que a las personas les gusta hablar de sí mismas, pero ¿qué hace que hablen de algunos de sus pensamientos y opiniones más que de otros?

Juguemos un rato. Mi colega Carla conduce un monovolumen. Te podría contar muchas más cosas sobre ella pero, de momento, quiero ver qué puedes deducir de ella basándote únicamente en el hecho de que conduce un monovolumen. ¿Cuántos años tiene Carla? ¿Veintidós? ¿Treinta y cinco? ¿Cincuenta y siete? Ya sé que sabes muy poco de ella, pero trata de hacer una hipótesis razonable.

¿Tiene hijos? En caso afirmativo, ¿practican deporte? ¿Alguna idea de qué deporte?

Una vez hayas tomado nota mentalmente de tus suposiciones, hablemos de mi amigo Todd. Es un tipo realmente majo. Resulta que va peinado con una cresta. ¿Alguna idea de cómo es? ¿Qué edad tiene? ¿Qué música le gusta? ¿Dónde compra?

He jugado a este juego con centenares de personas y el resultado siempre es el mismo. La mayoría piensa que Carla tiene entre treinta y cuarenta y cinco años. Todos —sí, el ciento por ciento— creen que tiene hijos. La mayoría están convencidos de que sus hijos practican deporte, y casi todos los que lo creen, suponen que el deporte que practican es fútbol. Todo eso, a partir de un monovolumen.

Vayamos con Todd. La mayoría de personas coincide en que tiene entre quince y treinta años. La mayoría supone que le gusta algún tipo de música alternativa, ya sea punk, heavy metal o rock, y que compra ropa retro o va a tiendas de surf y skate. A partir de un corte de pelo.

Seamos claros. Todd no tiene por qué escuchar música alternativa o comprar en Hot Topic. Podría tener cincuenta y tres años, escuchar a Beethoven y comprar la ropa donde quisiera. No es que Gap fuera a prohibirle la entrada si intentara comprarse unos chinos.

Igual con Carla. Podría ser una chica desmadrada de veintidós años que toca la batería y cree que los hijos son para los burgueses aburridos.

Sin embargo, el caso es que no pensamos eso de Carla y Todd. Todos hacemos deducciones parecidas porque las decisiones marcan la identidad. Carla conduce un monovolumen, así que asumimos que se trata de una madre cuyos hijos juegan a fútbol. Tom lleva una cresta, así que suponemos que es un joven punk. Hacemos hipótesis razonables sobre los demás basándonos en los coches que conducen, la ropa que llevan y la música que escuchan.

Las cosas de las que hablan las personas también influyen en la opinión que los demás tienen de ellas. Contar un chiste gracioso en una fiesta hace que la gente piense que somos ingeniosos. Tener toda la información del importante partido de la noche anterior o de las andanzas de algún famoso hace que parezcamos enrollados y en la onda.

De manera que no es de extrañar que las personas prefieran compartir cosas que las hagan parecer divertidas en lugar de aburridas, listas en lugar de tontas, y animadas en lugar de sosas. Pero pensemos en la otra cara de la moneda. Piensa en la última vez que te planteaste compartir algo pero no lo hiciste. Es probable que no lo contaras porque te habría hecho quedar mal a ti o a otros. Hablamos de cómo conseguimos una reserva en el restaurante más de moda de la ciudad y nos callamos la historia de que el hotel que elegimos estaba enfrente de un aparcamiento. Contamos que la cámara que escogimos era la más valorada por las publicaciones especializadas y nos callamos que el ordenador portátil que compramos era más barato en otra tienda.

De manera que el boca a boca es una herramienta fundamental para causar buena impresión, tan poderosa como un coche nuevo o un bolso de Prada. Es una especie de moneda. Moneda social. Del mismo modo que la gente utiliza el dinero para comprar productos o servicios, utiliza la moneda social para causar una impresión positiva entre sus familiares, amigos y colegas.

Así que, para que la gente hable, las empresas y las organizaciones tienen que acuñar moneda social. Tienen que proporcionar a las personas una forma de quedar bien al hablar de sus productos e ideas. Hay tres formas de hacerlo: (1) encontrar la excepcionalidad interna; (2) aprovechar la mecánica de juegos; y (3) hacer que la gente se sienta privilegiada.

Excepcionalidad interna

Imagínate que hace un día sofocante y tú y un amigo paráis en una tienda a comprar unas bebidas. Estás cansado de refrescos, pero te apetece algo con más sabor que el agua. Algo ligero y refrescante. Mientras examinas la nevera de las bebidas, un refresco Snapple de color rosa capta tu atención. Perfecto. Lo coges y vas a la caja a pagar.

Una vez fuera, abres el tapón y echas un buen trago. Sintiéndote bastante reanimado, estás a punto de volver a meterte en el coche de tu amigo cuando te das cuenta de que hay algo escrito en la parte interior del tapón.

Dato real # 27: Una bola de cristal bota
más que una bola de goma
¡Hala! ¿En serio?

Probablemente estarías bastante impresionado (al fin y al cabo, quién iba a pensar que una bola de cristal pudiera siquiera botar), pero piensa por un momento en lo que harías a continuación. ¿Qué harías con esa interesante información que acabas de descubrir? ¿Te la quedarías para ti o se la contarías a tu amigo?

En 2002, Mark Rubenstein, vicepresidente ejecutivo de la agencia de publicidad de Snapple, estaba pensando nuevas formas de entretener a los clientes de la marca. Snapple ya era conocida por sus extravagantes anuncios televisivos en los que aparecía la señora Snapple, una vivaracha mujer de mediana edad, con un marcado acento neoyorquino, que leía y respondía las cartas que le enviaban los fans. Era una auténtica empleada de Snapple, y las cartas iban desde gente que pedía consejos para ligar, hasta solicitudes de que Snapple celebrara una *soirée* en un hogar para jubilados. Los anuncios eran bastante graciosos, y Snapple estaba buscando algo igual de ingenioso y excéntrico.

Durante una reunión de marketing, alguien sugirió que la parte interior del tapón era un capital no utilizado. Snapple había intentado incluir chistes sin demasiado éxito. Pero los chistes eran malísimos («Si el lápiz #2 es el más popular, ¿por qué sigue siendo el #2?»), así que era difícil saber si lo que fallaba era la estrategia o los chistes. Rubenstein y su equipo se preguntaron si los hechos reales funcionarían mejor. Algo «fuera de lo común que [los bebedores de Snapple] no supieran y que ni siquiera supieran que lo querían saber».

De manera que Rubenstein y su equipo presentaron una larga lista de curiosidades y las empezaron a poner debajo de los tapones, de forma que sólo eran visibles después de que los clientes hubieran comprado y abierto la botella.

El Dato #12, por ejemplo, dice que los canguros no pueden andar hacia atrás. El Dato #73 dice que cada persona pasa una media de dos semanas de su vida esperando que cambien los semáforos.

Estos datos son tan sorprendentes y entretenidos que es difícil no querer compartirlos con alguien. ¿Dos semanas esperando que cambien los semáforos? ¡Es increíble! ¿Cómo pueden haber calculado algo así? ¡Piensa en todo lo que podríamos hacer durante ese tiempo! Si alguna vez tomas un Snapple con un amigo, os explicaréis el uno al otro el dato que os ha tocado, algo parecido a lo que sucede cuando tu familia abre las galletas de la fortuna después de comer en un restaurante chino.

Los datos reales de Snapple son tan contagiosos que han entrado a formar parte de la cultura popular. Están recogidos en centenares de páginas web. Los humoristas los mencionan en sus actuaciones. Algunos de los datos son tan increíbles que la gente discute una y otra vez si son realmente ciertos. (Sí, la idea de que los canguros no puedan andar hacia atrás parece una locura, pero es verdad.)

¿Sabías que fruncir el ceño consume más calorías que sonreír? Probablemente no lo sabías. Pero la gente comparte estos datos y otros parecidos porque son excepcionales. Y hablar de cosas extraordinarias proporciona moneda social.

Las cosas excepcionales se definen como inusuales, extraordinarias o merecedoras de atención. Algo puede ser excepcional porque es novedoso, sorprendente, extremo, o simplemente interesante. Sin embargo, el aspecto más importante de las cosas excepcionales es que son dignas de mención. Saber que una bola de cristal botará más alto que una de goma es tan interesante que tienes que mencionarlo.

Las cosas excepcionales proporcionan moneda social porque hacen que la gente que las cuenta parezca, en fin, más excepcional. A algunas personas les gusta ser el alma de la fiesta, pero a nadie le gusta ser quien corta el rollo. A todos nos gusta gustar. El deseo de la aprobación social es una motivación humana fundamental. Explicarle a alguien un dato interesante de Snapple nos hace parecer más interesantes. Hablarle a alguien de un bar secreto oculto en un restaurante de perritos calientes hace que parezcamos más guais. Compartir historias o anuncios extraordinarios, originales o entretenidos, hace que las personas parezcan más extraordinarias, originales o entretenidas. Hace que sea más divertido hablar con ellas, que tengan más probabilidades de que otros quieran comer con ellas, y que las inviten a una segunda cita.

No es de extrañar, por tanto, que se hable más a menudo de las cosas excepcionales. El profesor de Wharton, Raghu Iyengar, y yo analizamos el boca a boca de que son objeto diferentes empresas, productos y marcas en internet. Examinamos una lista enorme de 6.500 productos y marcas. Desde grandes marcas como Wells Fargo y Facebook hasta pequeñas, como los restaurantes Village Squire y Jack

Link's. De todos los ámbitos imaginables, desde el sector bancario hasta tiendas de *bagels* (rosquillas de pan), y desde detergentes para lavavajillas hasta grandes almacenes. Pedimos a la gente que puntuase la excepcionalidad de cada producto o marca y analizamos la relación existente entre su percepción y la frecuencia con que se hablaba de ellos.

El veredicto estaba claro: de productos como Facebook o las películas de Hollywood se hablaba casi el doble que de marcas menos destacadas como Wells Fargo y Tylenol. Otros estudios dieron como resultado conclusiones similares. Los tuits más interesantes se comparten más, y los artículos más interesantes o sorprendentes tienen más probabilidades de aparecer en la lista de más compartidos de *The New York Times*.

La excepcionalidad explica por qué la gente comparte vídeos de niñas de ocho años recitando letras de rap sin equivocarse y por qué mi tía me reenvió la historia de un coyote que fue golpeado por un coche, quedó atrapado en el parachoques durante novecientos sesenta y cinco kilómetros y sobrevivió. Explica incluso por qué los médicos hablan más de unos pacientes que de otros. Cada vez que llega un paciente a urgencias con una historia inusual (como haberse tragado un objeto raro), todo el hospital se entera. Un código rosa (el secuestro de un bebé) es noticia aunque se trate de una falsa alarma, mientras que un código azul (una parada cardiorrespiratoria) prácticamente ni se menciona.

La excepcionalidad también determina cómo evolucionan las historias con el paso del tiempo. Un grupo de psicólogos de la Universidad de Illinois reunió a parejas de estudiantes para lo que parecía un estudio de planificación y rendimiento de grupos. Se les dijo que tenían que cocinar una comida y se les condujo a una cocina auténtica. Frente a ellos estaban todos los ingredientes necesarios. Un montón de verduras de hojas frescas, pollo y deliciosas gambas rosas, todo listo para ser cortado y echado en una sartén.

Pero entonces la cosa se puso interesante. Oculta entre la verdura y el pollo, los investigadores habían metido a una pequeña —aunque definitivamente repulsiva— familia de cucarachas. ¡Puaj! Los estudiantes chillaron y se apartaron de la comida.

Pasado el alboroto, el experimentador dijo que alguien debía de estar gastándoles una broma y canceló rápidamente el estudio. No obstante, en lugar de enviar a los estudiantes a casa, les propuso que participasen en otro estudio que (casualmente) tenía lugar en la sala de al lado.

Todo el mundo se dirigió allí, pero durante el camino se les preguntó qué había sucedido durante el experimento que se acababa de suspender. La mitad fueron preguntados por el experimentador, mientras que la otra mitad fueron preguntados por otro estudiante (que, en realidad, estaba colaborando encubiertamente en el experimento).

La información fue muy diferente dependiendo de a quién explicaban la historia. Si hablaban con otro estudiante —es decir, si pretendían impresionar y entretener en lugar de limitarse a narrar los hechos— las cucarachas eran más grandes, más numerosas y toda la experiencia más desagradable. Los estudiantes exageraban los detalles para hacer que la historia fuera más excepcional.

Todos hemos pasado por experiencias parecidas. ¿Cómo era de grande la trucha que capturamos la última vez que fuimos de pesca a Colorado? ¿Cuántas veces se despertó llorando el bebé durante la noche?

Muchas veces, ni siquiera tratamos de exagerar; simplemente no recordamos todos los detalles de la historia. Nuestros recuerdos no guardan un registro perfecto de lo que sucedió. Son más bien como esqueletos de dinosaurio ensamblados por arqueólogos. Tenemos las partes principales, pero faltan algunas piezas, así que las completamos lo mejor que podemos. Hacemos hipótesis fundamentadas.

Sin embargo, durante el proceso, las historias se vuelven a menudo más extremas o entretenidas, especialmente cuando la gente las explica ante un grupo. No nos limitamos a hacer suposiciones al azar, introducimos datos que nos hacen quedar bien en lugar de hacernos quedar como ineptos. El pez duplica su tamaño. El bebé no se despertó solamente dos veces durante la noche —eso no sería demasiado extraordinario—, sino que lo hizo siete veces y fue necesaria gran habilidad paterna para tranquilizarlo y hacer que se volviera a dormir.

Es como el juego del teléfono. A medida que la historia se transmite de una persona a otra, algunos detalles se pierden y otros se exageran. Y se vuelve cada vez más extraordinaria.

La clave para encontrar la excepcionalidad interna es pensar qué es lo que hace que algo sea más interesante, sorprendente u original. ¿Puede hacer el producto algo que nadie pensaba que fuera posible (como moler pelotas de golf en el caso de la batidora Blendtec)? ¿Las consecuencias de la idea o el tema son más extremas de lo que la gente podría imaginar?

Una forma de generar sorpresa es rompiendo con lo que la gente espera. Pensemos, por ejemplo, en las líneas aéreas de bajo coste. ¿Qué esperas cuando viajas con una compañía de bajo coste? Asientos pequeños, sin películas, pocos tentempiés y, en general, una experiencia sin ninguna clase de lujos. No obstante, la gente que vuela con JetBlue por primera vez acostumbra a explicarlo a los demás porque la experiencia es extraordinariamente distinta. Te dan un asiento amplio y cómodo, una amplia variedad de cosas de picar (desde patatas fritas Terra Blues hasta galletas con forma de animales) y puedes ver DIRECTV en el televisor del respaldo del asiento que tienes delante. De forma parecida, al utilizar carne de Kobe y langosta y cobrar cien dólares, Barclay Prime creó un gran revuelo porque rompía con las expectativas que tenía la gente de un sándwich de carne.

El misterio y la controversia también hacen a menudo que algo sea excepcional. *El proyecto de la bruja de Blair* es uno de los más famosos ejemplos de ello. La película, realizada en 1999, cuenta la historia de tres estudiantes de cine que van a las montañas de Maryland a filmar un documental sobre una leyenda local llamada *La bruja de Blair*. Sin embargo, supuestamente desaparecieron, y a los espectadores se les dijo que la película había sido montada a partir del metraje rodado durante su excursión. Nadie estaba seguro de si aquello era verdad.

¿Qué hacemos cuando nos enfrentamos a un misterio controvertido como este? Naturalmente, pedimos a otros que nos ayuden a encontrar la respuesta. Así que la película levantó mucho revuelo sencillamente porque la gente se preguntaba si describía hechos reales o no. Ponía en duda una creencia fundamental (las brujas no existen), de modo que la gente quería una respuesta, y el hecho de que hubiera desacuerdo al respecto favorecía que hubiera más debate. El revuelo hizo que la película se convirtiera en un éxito de taquilla. Rodada cámara en mano con un presupuesto de aproximadamente treinta y cinco mil dólares, la película obtuvo una recaudación de más de doscientos cuarenta y ocho millones de dólares en todo el mundo.

Lo mejor de la excepcionalidad, sin embargo, es que puede aplicarse a todo. Puedes pensar que un producto, servicio o idea debería ser intrínsecamente excepcional; que la excepcionalidad no puede imponerse desde fuera. Los nuevos dispositivos tecnológicos o las películas de Hollywood son por naturaleza más excepcionales que, por ejemplo, las normas de servicio al cliente o las tostadoras. ¿Qué puede tener de excepcional una tostadora?

Pero es posible encontrar excepcionalidad interna en cualquier producto o idea pensando en qué lo hace destacar. ¿Te acuerdas de Blendtec, la empresa fabricante de batidoras de la que hablamos en el capítulo introductorio? Al encontrar su excepcionalidad interna se consiguió que millones de personas hablasen de una vieja y aburrida batidora. Y pudieron hacerlo sin anuncios y con un presupuesto para publicidad de cincuenta dólares.

¿Papel higiénico? No parece demasiado excepcional. Sin embargo, hace algunos años, hice que el papel higiénico fuera uno de los temas de los que más se habló en una fiesta. ¿Cómo? Puse un rollo de papel higiénico negro en el baño. ¿Papel higiénico negro? Nadie había visto antes papel higiénico de color. Aquel hecho excepcional hizo que se hablase de ello. Haz hincapié en la excepcionalidad de un producto o una idea y la gente hablará.

Aprovechar la mecánica de juegos

Me faltaban 222 millas.

Hace algunos años, estaba reservando un vuelo de ida y vuelta de la costa Este a California. Era finales de diciembre. Al final del año siempre hay poco trabajo, así que parecía una ocasión perfecta para visitar a los amigos. Me metí en internet, miré un montón de opciones y encontré un vuelo directo que era más barato que otros con enlaces. ¡Qué suerte! Fui a buscar la tarjeta de crédito.

Sin embargo, cuando introduje mi código de usuario habitual apareció en pantalla mi nivel. Vuelo bastante, y el año anterior había volado lo suficiente con United Airlines para alcanzar el nivel Premier. Denominar «Premier» a las ventajas que recibía parecía la broma pesada de un publicista, pero el trato era ligeramente mejor que el que recibes en la clase turista. Podía facturar las maletas gratis, tenía acceso a asientos con un poco más de espacio para las piernas, y teóricamente podía conseguir llegar a viajar gratis en business (aunque eso, al parecer, no sucedía nunca). Nada fuera de lo común, pero al menos no tenía que pagar por facturar.

Ese año había sido aún más ajetreado. Si puedo, suelo limitarme a una línea aérea y, en aquel caso, parecía que había valido la pena. Casi había alcanzado el siguiente nivel: Premier Executive.

Pero en este caso la palabra clave es «casi». Me faltaban doscientas veintidós millas. Ni siquiera contando el vuelo directo de ida y vuelta a California conseguiría las millas necesarias para ser Premier Executive.

Las ventajas de ser Premier Executive eran tan sólo ligeramente superiores a las de Premier. Podría facturar una tercera maleta gratis, tener acceso a salas especiales si volaba a destinos internacionales, y podría embarcar unos segundos antes. Nada demasiado emocionante.

¡Pero me faltaba poco! Y sólo me quedaban unos pocos días para conseguir las millas necesarias. Un vuelo a San Francisco era mi última oportunidad. De manera que hice lo que hace cualquier persona tan centrada en conseguir su objetivo como para perder el sentido común. Pagué más para reservar un vuelo con conexión.

En lugar de tomar un vuelo directo a casa, hice una ruta más larga y tuve que parar en Boston durante dos horas para asegurarme de conseguir las millas suficientes para subir de categoría.

El primer programa de fidelidad de líneas aéreas fue creado en 1981 por American Airlines. Originariamente había sido concebido como un método para conceder tarifas especiales a los clientes habituales, pero al poco tiempo se transformó en el actual sistema de ventajas. Actualmente, más de ciento ochenta millones de personas acumulan millas cuando viajan. Estos programas han motivado a millones de personas a mantenerse fieles a una única aerolínea y a detenerse en ciudades al azar o volar a horas inconvenientes con el único fin de asegurarse de acumular las ansiadas millas.

Todo el mundo sabe que las millas pueden canjearse por viajes gratis, estancias en hoteles y otros beneficios. Pero, la mayoría nunca canjea las millas. De hecho, menos del 10 por ciento de las millas son canjeadas cada año. Los expertos calculan que hasta 10 billones de millas permanecen sin usar en las cuentas. Las suficientes para ir y volver a la luna 19,4 millones de veces. Son muchas millas.

Entonces, ¿por qué la gente acumula millas con pasión?

Porque es un juego divertido.

Piensa en tu juego preferido. Puede ser un juego de mesa, un deporte, o incluso un juego de ordenador o una aplicación de móvil. Tal vez te encanta jugar al solitario, al golf, o te vuelven loco los sudokus. ¿Alguna vez te has parado a pensar por qué disfrutas tanto con esos juegos? ¿Por qué parece que no puedas parar de jugar?

Las mecánicas de juegos son los elementos de un juego, una aplicación o un programa —incluyendo las reglas y los ciclos de retroalimentación— que lo hacen divertido y absorbente. Consigues puntos por jugar bien al solitario. Los sudokus tienen diferentes niveles y los torneos de golf tienen marcadores. Estos elementos indican a los jugadores en qué posición se encuentran respecto al juego y cómo lo están haciendo. Una buena mecánica de juego hace que la gente se sienta enganchada, motivada, y que siempre quiera más.

Una de las formas de motivación de la mecánica de juegos es personal. A todos nos gusta conseguir cosas. Una prueba tangible de nuestro progreso, como resolver un solitario difícil o pasar al siguiente nivel jugando al sudoku, hace que nos sintamos bien. Las puntuaciones nos motivan a trabajar más, especialmente cuando estamos cerca de conseguirlas. Pensemos, por ejemplo, en las tarjetas de cupones que te regalan un café cuando tomas diez, que se ofrecen a veces en las cafeterías. Al aumentar la motivación, las tarjetas lo que hacen es incentivar a la gente para que tome café con más frecuencia a medida que se acerca a la décima taza para reclamar su recompensa.

Sin embargo, la mecánica de juegos también nos motiva a nivel interpersonal, fomentando la comparación social.

Hace algunos años, se pidió a unos estudiantes de la Universidad de Harvard que hicieran una elección aparentemente sencilla: ¿qué preferirían, un trabajo en el que ganasen cincuenta mil dólares al año (opción A), o uno en el que ganasen cien mil dólares anuales (opción B)?

Parece de tontos, ¿verdad? Todo el mundo debería de elegir la opción B. Pero había truco. En la opción A, a los estudiantes se les pagaría el doble que al resto, los cuales ganarían sólo veinticinco mil dólares. En la opción B, cobrarían la mitad que los otros, los cuales ganarían doscientos mil dólares. De manera que, en la opción B, los estudiantes ganarían más dinero en general, pero menos que quienes les rodeasen.

¿Qué fue lo que eligió la mayoría?

La opción A. Preferían que les fuera mejor que a otros, incluso si ello significaba ganar menos. Eligieron la opción peor en términos absolutos, pero mejor en términos relativos.

A la gente no le importa cómo le va; le preocupa su situación en relación con los demás. Embarcar unos cuantos minutos antes en el avión es una bonita ventaja por haber alcanzado el nivel Premier. Sin embargo, lo que hace de ello una gran ventaja es embarcar antes que el resto. Porque los niveles funcionan a dos niveles, valga la redundancia. Nos indican dónde estamos en cada momento en términos absolutos, pero también dejan claro dónde estamos en relación con los demás.

Como muchos otros animales, a los humanos les importa la jerarquía. Los monos exteriorizan su estatus y los perros tratan de saber cuál es el macho alfa. Los humanos no somos distintos. Nos gusta sentir que tenemos el máximo estatus, que somos el macho dominante, el líder de la manada. Sin embargo, el estatus es intrínsecamente relacional. Ser el líder de la manada exige que haya una manada, ser mejor que el resto.

La mecánica de juegos contribuye a crear moneda social, porque el hecho de que nos vayan bien las cosas nos hace quedar bien. A las personas les gusta alardear de lo que han conseguido: sus hándicaps de golf, cuánta gente les sigue en Twitter, o los resultados de sus hijos en la selectividad. Un amigo mío es miembro platino de Delta Airlines. Cada vez que vuela, encuentra la manera de fanfarronear sobre ello en Facebook. Hablando de cómo un tipo que vio en la sala vip de Delta tropezó con una azafata, o mencionando que pudo viajar gratis en primera clase. Al fin y al cabo, ¿de qué sirve el estatus si nadie sabe que lo tienes?

Sin embargo, cada vez que comunica orgulloso su estatus, también está haciendo correr la voz sobre Delta.

Así es como la mecánica de juegos potencia el boca a boca: las personas hablan porque quieren mostrar sus logros, pero, mientras lo hacen, hablan de las marcas (Delta o Twitter) o los ámbitos (golf o selectividad) donde han triunfado.

Construir un buen juego

Para aprovechar la mecánica de juegos es necesario cuantificar el rendimiento. Algunos ámbitos, como los hándicaps en el golf y las notas en la selectividad, llevan métrica incorporada. Las personas pueden comprobar fácilmente cómo les va y compararse con otros sin necesidad de ayuda. Sin embargo, si un producto o una idea no lo hace automáticamente, tiene que «ludificarse». Tienen que crearse o registrarse mediciones que permitan que la gente sepa cuál es su situación, por ejemplo iconos que señalen cuánto han participado en grupos de debate, o entradas de diferente color para los que tienen pases de temporada.

Las líneas aéreas lo han hecho muy bien. Los programas de fidelidad no han existido siempre. Es cierto, la gente lleva viajando en vuelos comerciales más de medio siglo, pero volar se ludificó hace relativamente poco, cuando las compañías aéreas empezaron a contabilizar las millas recorridas y a otorgar categorías. Como esto proporciona moneda social, a la gente le encanta hablar de ello.

Aprovechar la mecánica de juegos también implica ayudar a la gente a hacer públicos sus logros. Está claro, alguien puede hablar de lo bien que le ha ido, pero es aún mejor si existe algún símbolo tangible y visible que pueda mostrar a los demás. Foursquare, la red social basada en localización web, permite a sus usuarios marcar bares, restaurantes y otros lugares utilizando sus dispositivos móviles. Al marcar la posición, la gente puede localizar a sus amigos, pero Foursquare también concede medallas a las personas basándose en su historial. Marca el mismo sitio más veces que nadie durante un período de sesenta días y serás nombrado alcalde del lugar. Marca cinco aeropuertos distintos y conseguirás una medalla Jetsetter. Esas medallas no sólo se publican en las cuentas de los usuarios de Foursquare, sino que, dado que proporcionan moneda social, los usuarios las exhiben ostentosamente en sus páginas de Facebook.

Igual que mi amigo usuario platino de Delta, la gente exhibe sus medallas para alardear o porque está orgullosa de sí misma. No obstante, al mismo tiempo, también promociona la marca Foursquare.

Una excelente mecánica de juegos puede incluso crear logros de la nada. Las líneas aéreas han convertido la fidelidad en un símbolo de estatus. Foursquare ha hecho que ser un fijo en el bar de la esquina sea un signo de distinción. Y animando a los jugadores a publicar sus logros en Facebook, los creadores de juegos de internet han conseguido convencer a los jugadores de que proclamen abiertamente —incluso presumiendo de ello— que se pasan horas jugando a juegos de ordenador cada día. A la gente le encanta el estatus, independientemente del campo.

Los sistemas de estatus eficaces son fáciles de entender, incluso por personas que no estén familiarizadas con tu producto o servicio. No cabe duda de que ser el alcalde suena bien, pero si le preguntas a la gente de la calle, apuesto a que la mayoría no sabe si es mejor o peor que tener una medalla School Night por hacer una actualización pasadas las tres de la mañana, una medalla de Super User, o cualquiera de las más de cien medallas que ofrece Foursquare.

Las empresas de tarjetas de crédito se enfrentaron al mismo problema. Las tarjetas oro estaban restringidas a personas que gastaban mucho y presentaban un excelente historial de pago. Sin embargo, a medida que las entidades empezaron a ofrecerlas a personas con toda clase de crédito, perdieron su significado. De modo que las empresas idearon nuevas opciones para los clientes realmente ricos: la tarjeta platino, la tarjeta zafiro y la tarjeta diamante, entre otras. Pero ¿cuál denota mayor estatus, la de diamante o la de zafiro? ¿El platino es mejor o peor que el zafiro? Esta desconcertante mezcla de colores, minerales y palabras exclusivas provoca tal caótica confusión que nadie sabe muy bien cuál es su situación, y mucho menos cómo están en relación con los demás.

Es muy distinto de las medallas que se conceden en las competiciones atléticas. Si alguien te dice que ha ganado la medalla de plata, sabes exactamente cuál ha sido su resultado. Incluso alguien que no sepa prácticamente nada de atletismo puede saber inmediatamente si alguien es una estrella o si simplemente se defiende.

Muchos supermercados británicos utilizan un sistema de etiquetaje parecido. Como si se tratase de un semáforo, emplean círculos rojos, amarillos y verdes para indicar cuánto azúcar, grasa y sal contienen los diferentes productos. Los sándwiches bajos en sal vienen marcados con un círculo verde, mientras que las sopas saladas tienen un círculo rojo. Cualquiera puede captar inmediatamente el sistema y aprender cómo actuar en consecuencia.

Muchos concursos conllevan también mecánica de juegos. Burberry creó una página web llamada «Art of the Trench» (El arte de la gabardina) que consiste en un montaje de Burberry y de todas las personas que visten la marca. Algunas fotos fueron tomadas por los fotógrafos más importantes del mundo, pero la gente también puede enviar sus propias fotos o de sus amigos vistiendo la icónica gabardina. Si tienes suerte, Burberry publica tu imagen en la página web. Entonces, tu foto entra a formar parte de una serie de imágenes que reflejan un estilo personal en todo el mundo.

Imagínate que tu foto es seleccionada para la página. ¿Cuál sería tu primer impulso? ¡Se lo contarías a alguien! Y no sólo a una persona. A muchas personas.

Eso es lo que aparentemente hizo todo el mundo. La página de Burberry recibió millones de visitas de más de cien países diferentes. Y el concurso contribuyó a que las ventas aumentasen un 50 por ciento.

Las páginas de recetas animan a la gente a publicar fotografías de sus platos. Los programas de adelgazamiento y de fitness animan a la gente a mostrar fotos de antes y después para que pueda enseñar a los demás hasta qué punto ha mejorado su aspecto. Un nuevo bar en Washington llegó a ponerle a una bebida el nombre de mi mejor amigo, el Kentucky Irby (se apellida Irby). Se sintió tan especial que habló de la bebida a todo el mundo que conoce y, al mismo tiempo, hizo correr la voz sobre el nuevo establecimiento.

Conceder premios se basa en el mismo principio. A los receptores de los premios les encanta alardear de ellos; les da la oportunidad de decirle a los demás lo buenos que son. Pero, al mismo tiempo, tienen que mencionar a quien se los ha concedido.

El boca a boca puede proceder también del proceso mismo de votación. Decidir quién es el ganador mediante votación popular anima a los concursantes a conseguir apoyo. En lugar de anunciarse la empresa directamente, el concurso hace que la gente que quiere ganar lo haga por ella.

Hacer que la gente se sienta privilegiada

En 2005, Ben Fischman fue nombrado consejero delegado de SmartBargains.com. La página web de productos en oferta vendía de todo, desde ropa de vestir y de cama hasta productos de decoración para el hogar y maletas. Su modelo de negocio era sencillo: empresas que tenían productos en liquidación o querían desprenderse de excedentes vendían los artículos a SmartBargains a bajo precio y SmartBargains los ofrecía al consumidor. Había una gran variedad de productos y, a menudo, eran hasta un 75 por ciento más baratos que en las tiendas.

Sin embargo, en 2007, la web pasaba por dificultades. Los márgenes siempre habían sido pequeños, pero el interés por la marca había desaparecido y estaba perdiendo tirón. Además, habían aparecido páginas web parecidas, y SmartBargains luchaba por diferenciarse de sus competidoras.

En 2008, sucedió algo curioso. Fischman creó una nueva web llamada Rue La La. Vendía productos de diseño de gran calidad, pero se basaba en «ofertas del día» que duraban un tiempo limitado; veinticuatro horas o un par de días como máximo. La web seguía el mismo modelo de las ventas de muestrarios de la industria de la moda. Sólo podía accederse por invitación. Tenía que invitarte un miembro.

Las ventas se dispararon, y la página tuvo un éxito extraordinario. Tanto, que, en 2009, Ben vendió ambas webs por trescientos cincuenta millones de dólares.

Sin embargo, el éxito de Ben es especialmente notable teniendo en cuenta un pequeño detalle.

Rue La La vendía los mismos productos que SmartBargains. Exactamente los mismos vestidos, faldas, trajes y zapatos. Entonces, ¿qué fue lo que transformó lo que podría haber sido una web aburrida en una en la cual la gente pedía a gritos ser admitida? ¿Cómo logró Rue La La tener mucho más éxito?

Haciendo que la gente se sintiera privilegiada.

Al tratar de averiguar cómo salvar a SmartBargains, Fischman se dio cuenta de que una parte del negocio funcionaba extraordinariamente bien. Su club de fidelidad permitía a la gente que se inscribía obtener descuentos en los gastos de envío y acceder a una zona de compras privada. Ofertas que nadie más podía ver. Era una pequeña parte de la web, pero crecía sin cesar.

Al mismo tiempo, Fischman descubrió un concepto de compras francés llamado *vente privée*, o venta privada. Ofertas de internet que sólo estaban disponibles durante un día. Fischman decidió que era la forma perfecta de dar un giro exclusivo a su negocio.

Y así fue. Rue La La funcionó bien desde el primer momento porque aprovechaba inteligentemente el factor de la urgencia. En parte fue por accidente. Cada mañana, la página publicaba nuevas ofertas a las 11.00. Sin embargo, durante el primer par de meses, la demanda fue muy superior a la esperada, hasta el punto de que a las 11.03 ya se había vendido todo. No quedaba nada. De manera que los clientes se dieron cuenta de que si no llegaban a tiempo, las ofertas se les escapaban.

A medida que ha ido creciendo, Rue La La ha mantenido su disponibilidad limitada. Sigue vendiendo entre el 40 y el 50 por ciento de los artículos durante la primera hora. Las ventas han aumentado, pero ello no significa que los ingresos crezcan a lo largo del día. Simplemente, las puntas de tráfico de las 11 horas han alcanzado niveles cada vez más altos.

Pasar a un modelo sólo para socios hizo que los miembros de la página web se sintieran privilegiados. Igual que la cuerda de terciopelo que impide que los que salen de fiesta normalmente puedan acceder a un club nocturno exclusivo, la gente asumía que si era necesario ser socio, la página tenía que ser realmente deseable.

Los socios de Rue La La son sus mejores embajadores. Hacen proselitismo mejor de lo que lo podría hacer cualquier campaña publicitaria. Como señaló Fischman:

Es como el conserje de un hotel. Vas al conserje para preguntarle acerca de un restaurante y te da un nombre inmediatamente. Se da por hecho que le pagan para sugerirnos ese sitio y que el restaurante es probablemente mediocre. Sin embargo, si un amigo nos recomienda un sitio tenemos muchas ganas de ir. Pues bien, cuando un amigo te dice que tienes que probar Rue La La, le crees. Y lo pruebas.

Rue La La dio rienda suelta al poder de las recomendaciones de los amigos. Aunque no parezca evidente a primera vista, en realidad Rue La La tiene mucho en común con Please Don't Tell, el bar secreto del que hablamos al principio del capítulo. Ambos utilizan la escasez y la exclusividad para que los clientes se sientan privilegiados.

La escasez se refiere a cuánto se ofrece. Las cosas escasas son menos accesibles a causa de la elevada demanda, la producción limitada o las restricciones relativas al momento o al lugar en que se puede acceder a ellas. El bar secreto Please Don't Tell sólo tiene un aforo de cuarenta y cinco plazas y en él no pueden entrar más personas. Las ofertas de Rue La La sólo estaban disponibles durante veinticuatro horas, algunas desaparecían incluso pasados treinta minutos.

La exclusividad también hace referencia a la disponibilidad, pero de forma diferente. Las cosas exclusivas sólo son accesibles para las personas que cumplen unos requisitos determinados. Cuando pensamos en exclusividad, tendemos a pensar en ostentosos Rolex de 20.000 dólares con diamantes incrustados o en codearse con estrellas de cine en Saint Croix. Sin embargo, la exclusividad no se refiere únicamente al dinero o a la fama. También hace referencia al conocimiento. Conocer determinada información o relacionarse con gente que la conoce. Y ahí es donde entran Please Don't Tell y Rue La La. No tienes que ser famoso para entrar en Please Don't Tell, pero, como está oculto, sólo unas personas determinadas conocen su existencia. No puedes acceder a Rue La La pagando. El acceso es únicamente mediante invitación, así que tienes que conocer a un usuario.

La escasez y la exclusividad contribuyen a que los productos triunfen al hacerlos más deseables. Si algo es difícil de obtener, la gente asume que el esfuerzo debe de valer la pena. Si algo es inaccesible o está agotado, la gente suele deducir que le gusta a mucha otra gente, por lo que debe de ser bastante bueno (algo de lo que hablaremos más en el capítulo dedicado a la publicidad). La gente valora los libros de cocina más favorablemente cuando su difusión es limitada, encuentra más apetitosas las galletas cuando son escasas, y considera que las medias son más lujosas cuando son más difíciles de conseguir. Disney utiliza el mismo concepto para incrementar la demanda de películas antiguas. Sacan del mercado películas de dibujos animados como *Blancanieves* o *Pinocho* y las guardan en los «sótanos de Disney» hasta que deciden reeditarlas. Esta disponibilidad limitada nos hace pensar que tenemos que actuar ya. De lo contrario, perderemos la oportunidad, aun cuando es posible que, de entrada, no hubiéramos querido tener esa oportunidad.[3]

La escasez y la exclusividad potencian el boca a boca haciendo que la gente se sienta privilegiada. Si la gente consigue algo que no todo el mundo tiene, ello la hace sentirse especial, exclusiva, prestigiosa; y, por tanto, no sólo le gustará más nuestro producto o servicio, sino que hablará de ellos a los demás. ¿Por qué? Porque decírselo a los demás les hace quedar bien. Disponer de un conocimiento privilegiado es moneda social. Cuando las personas que han hecho cola durante horas consiguen por fin el último dispositivo tecnológico, una de las primeras cosas que hacen es enseñárselo a los demás. ¡Mírame y mira qué he conseguido!

Y por si crees que sólo categorías exclusivas como bares y ropa pueden beneficiarse de hacer que la gente se sienta privilegiada, dejadme que os hable de cómo McDonald's creó moneda social en torno a una mezcla que incluye carne de tripas, corazón y estómago.

3. Nótese que dificultar el acceso es distinto de hacerlo imposible. Desde luego, conseguir una plaza en Please Don't Tell es complicado, pero si la gente llama el suficiente número de veces debería poder hacerse con una reserva. Y aunque Rue La La sólo está abierta a miembros, recientemente ha adoptado la política de que incluso los no socios pueden acceder si se registran con una dirección de correo electrónico. Utilizar la escasez y la exclusividad en un primer momento y luego suavizar las restricciones es una forma especialmente buena de hacer aumentar la demanda.

Hay que ser cautelosos, ya que la disponibilidad limitada puede resultar pretenciosa o distante. La gente está acostumbrada a conseguir lo que quiere, y si oye «no» demasiadas veces puede que se vaya a otro sitio. Jim Meehan, de Please Don't Tell, aborda explícitamente este problema indicando a sus empleados que si tienen que decir «no» deberían tratar de encontrar la forma de decir «no, pero». Como, por ejemplo, «No, desgraciadamente está todo reservado a las ocho y media, pero ¿qué le parece a las once?» o «No, no disponemos de la marca X, pero ¿le gustaría probar la marca Y?». Al administrar la decepción mantienen el atractivo al mismo tiempo que mantienen la satisfacción del cliente.

En 1979, McDonald's lanzó los McNuggets de pollo. Tuvieron un éxito enorme, y todas las franquicias del país los querían. Sin embargo, en aquel momento McDonald's no disponía de un sistema adecuado para hacer frente a la demanda. De modo que al director ejecutivo Rene Arend se le encomendó la tarea de diseñar otro producto nuevo para las franquicias desafortunadas que no dispusieran de pollo suficiente. Algo que las mantuviera contentas a pesar de la escasez.

Arend presentó un sándwich de cerdo llamado McRib. Acababa de regresar de un viaje a Charleston, en Carolina del Sur, y encontró la inspiración en las barbacoas sureñas. Le encantó el delicioso sabor ahumado y pensó que sería una incorporación perfecta al menú de McDonald's.

No obstante, contrariamente a lo que sugiere el nombre, en realidad hay muy poca carne de costillas de cerdo en el McRib. En lugar de ello, imagínate una hamburguesa de cerdo con una forma que recuerda a las costillas. Réstale los huesos (y la mayor parte de la carne de buena calidad), añádele salsa barbacoa, cúbrela de cebolla y pepinillo, métela en un panecillo y prácticamente ya tienes el McRib.

Dejando aparte la ausencia de carne de costillas, el producto superó la prueba del mercado bastante bien. En McDonald's estaban emocionados y, enseguida lo incorporaron al menú de todos los restaurantes de la nación. Los McRibs se encontraban en todas partes, de Florida a Seattle.

Pero entonces llegaron las cifras de ventas. Desgraciadamente, fueron mucho menores de lo esperado. McDonald's probó con promociones y ofertas, pero no sirvió de mucho. De manera que, al cabo de pocos años, retiró el McRib, citando como argumento el escaso interés de los estadounidenses por el cerdo.

Sin embargo, una década más tarde, McDonald's ideó una ingeniosa forma de incrementar la demanda del McRib. No se gastó más dinero en publicidad. No cambió el precio. Ni siquiera cambió los ingredientes. Simplemente hizo que el producto fuera escaso.

A veces, volvía a vender el producto en todo el país por tiempo limitado, y en otras ocasiones lo ofrecía únicamente en algunas localidades. Un mes se ofrecía en franquicias de Kansas City, Atlanta y Los

Ángeles. Dos meses más tarde, únicamente en Chicago, Dallas y Tampa.

Su estrategia funcionó. Los consumidores se entusiasmaron con el sándwich. Empezaron a surgir grupos de Facebook pidiendo a la empresa «¡qué vuelva el McRib!». Los fans utilizaban Twitter para proclamar su amor por el bocadillo («Qué suerte que ha vuelto el McRib») y descubrir dónde podían encontrarlo («En realidad sólo utilizo Twitter para saber dónde está disponible el McRib»). Hubo incluso quienes crearon un localizador de McRib por internet con el fin de que los fans pudieran informar a otros dónde podían encontrarlo. Todo esto por algo que básicamente es una mezcla de carne de tripas, corazón y estómago.

Hacer que las personas se sientan privilegiadas puede ser beneficioso para todo tipo de productos e ideas. Independientemente de que el producto esté de moda o sea guay, o se trate de una mezcla de despojos del cerdo. El mero hecho de que algo no se encuentre disponible fácilmente puede hacer que la gente lo valore más y se lo cuente a los demás para capitalizar la moneda social que supone tenerlo o conocer su existencia.

Un breve apunte sobre motivación

Hace algunos años, realicé un rito iniciático masculino fundamental. Entré a formar parte de una liga de Fantasy-fútbol.

El Fantasy-fútbol se ha convertido en uno de los pasatiempos no oficiales de Estados Unidos. Para aquellos que no estén familiarizados con el juego, se trata básicamente de ser el director general de un equipo imaginario. Millones de personas pasan interminables horas en busca de jugadores, modificando las alineaciones y observando sus resultados cada semana.

Siempre me había parecido curioso que la gente pasara tanto tiempo en lo que, básicamente, es un deporte espectáculo. Sin embargo, cuando un grupo de amigos necesitó una persona más y me preguntó si quería jugar, pensé que por qué no.

Y no cabe duda de que me enganché. Pasaba horas cada semana estudiando apuntes, leyendo sobre jugadores de los que nunca había oído hablar, y tratando de encontrar promesas no seleccionadas por otros. Una vez iniciada la temporada, me sorprendí viendo partidos de fútbol, cosa que nunca había hecho antes. Y no era para ver si ganaba mi equipo local. Miraba equipos de los que no sabía nada, comprobando si mis jugadores lo hacían mejor, y modificando la alineación cada semana.

Pero ¿qué era lo más interesante?

Lo hacía gratis. Nadie me pagaba las horas que dedicaba a ello, y ni mis amigos ni yo apostábamos siquiera sobre el resultado. Simplemente jugábamos por diversión y, por supuesto, presumíamos de nuestros éxitos. No obstante, dado que lograr mejores resultados que los demás es moneda social, todo el mundo estaba motivado para hacerlo bien, aunque no hubiera ningún incentivo económico.

¿La moraleja? Las personas no necesitan que se les pague para estar motivadas. Los directivos a menudo recurren a los incentivos económicos para tratar de motivar a sus empleados; a algún beneficio extra para que las personas actúen. Sin embargo, se trata de una estrategia equivocada. Mucha gente hará una recomendación a un amigo si le pagas cien dólares. Ofrécele a la gente la posibilidad de ganar un Lamborghini gold y hará casi cualquier cosa. Pero, como sucede con la mayoría de incentivos económicos, regalar un Lamborghini gold sale caro.

Además, en cuanto pagas a alguien para que haga algo, desplazas su motivación intrínseca. A la gente le gusta hablar de las empresas y productos que le interesan, y millones de personas lo hacen gratis cada día, sin que se les tenga que empujar a ello. Sin embargo, en cuanto te ofreces a pagar a alguien para recomendar algo a otros clientes, cualquier interés que tuvieran en hacerlo gratis desaparece. Las decisiones de los clientes sobre si compartir o no, ya no estarán basadas en cuánto les gusta un producto o servicio. En cambio, la calidad y la cantidad de la difusión será proporcional al valor de lo que reciban.

Los incentivos sociales, como la moneda social, son más eficaces a la larga. Foursquare no paga a los usuarios por registrarse en los bares, y las líneas aéreas no conceden descuentos a los pasajeros habituales. No obstante, al aprovechar el deseo de la gente de tener buena imagen ante los demás, sus clientes lo hacen de todas formas y hacen correr la voz gratuitamente.

Por favor, no lo cuentes. Bueno, de acuerdo, tal vez sólo a una persona

¿Cómo conseguir que la gente hable de nuestros productos e ideas y haga que tengan éxito? Una forma es acuñar moneda social. A las personas les gusta causar buena impresión, así que tenemos que hacer que nuestros productos sean una forma de conseguirlo. Igual que sucedió con los vídeos de Blendtec, tenemos que encontrar la excepcionalidad interna. Como pasa con Foursquare o con las aerolíneas que otorgan niveles según la frecuencia de vuelos, tenemos que hacer uso de la mecánica de juegos. Como Rue La La, tenemos que utilizar la escasez y la exclusividad para que la gente se sienta privilegiada.

El impulso de mostrar a los demás lo que hemos hecho nos lleva de nuevo al Please Don't Tell. Sus propietarios son listos. Saben que los secretos hacen aumentar el valor de la moneda social, pero no se detienen ahí. Después de pagar las copas, el camarero te entrega una pequeña tarjeta de visita. Totalmente negra, casi parece la tarjeta de un adivino o un brujo. En letras rojas pone simplemente «Please Don't Tell» (Por favor, no lo cuentes) y un número de teléfono. De modo que, aunque todo lo demás indica que los propietarios quieren mantener oculto el local, al final se aseguran de que tengas su número de teléfono. Por si acaso quieres revelar su secreto.

Capítulo 2
Activadores

Disney World. Diles estas palabras a niños de menos de ocho años y limítate a esperar sus gritos de excitación. Más de dieciocho millones de personas visitan anualmente el parque temático de Orlando, Florida. A los chicos mayores les encanta la terrorífica caída en picado de la Space Mountain y la Torre del Terror. Los más pequeños disfrutan de la magia del castillo de la Cenicienta y de la emoción de explorar los ríos de África en la Travesía de la Jungla. Hasta los adultos sonríen felices al estrechar la mano de entrañables personajes de Disney como Mickey Mouse y Goofy. El recuerdo de mi primera visita a principios de los años noventa todavía me hace sonreír. Mi primo y yo fuimos elegidos entre el público para hacer de Gilligan y el Capitán en una recreación de *La isla de Gilligan*. La entusiasmada mirada de triunfo en mi cara tras lograr llevar a puerto el barco —después de ser empapado por docenas de cubos de agua— sigue siendo un gran recuerdo familiar.

Ahora comparemos esas estimulantes imágenes con una caja de cereales Cheerios. Sí, los clásicos cereales para desayunar que tienen una abeja como mascota, y que «contienen el valor nutritivo de los Cheerios y el irresistible sabor de la miel dorada». Considerados razonablemente sanos, los Cheerios son lo bastante dulces para ser del agrado de los niños y de cualquier persona golosa, y se han convertido en un alimento básico en muchos hogares estadounidenses.

¿Cuál de estos productos —Disney World o los Cheerios— crees que se recomienda más mediante el boca a boca?

¿El reino mágico? ¿El lugar que se autodefine como el sitio donde los sueños se hacen realidad? ¿O los Cheerios? ¿Los cereales de avena integral que pueden ayudar a reducir el colesterol?

Está claro que la respuesta es Disney World, ¿verdad? Al fin y al cabo, hablar de tus aventuras allí es mucho más interesante que hablar de lo que has comido para desayunar. Si hay algo en lo que están de acuerdo los expertos en el boca a boca, es que para que la gente hable de algo tiene que ser interesante. La mayoría de libros sobre el boca a boca te lo dirán. Y los gurús de los medios de comunicación también. «Nadie habla de empresas aburridas, productos aburridos o anuncios aburridos», sostiene un destacado defensor del boca a boca.

Desgraciadamente, se equivoca. Igual que todos los que apoyan la teoría de que «el interés manda». Y, por si acaso piensas que esto se contradice con lo que hemos dicho en el capítulo anterior acerca de la moneda social, sigue leyendo. La gente habla más de los Cheerios que de Disney World. ¿El motivo? Los activadores.

Haciendo correr la voz para BzzAgent

A Dave Balter nadie lo confundiría con uno de los tiburones de Madison Avenue que aparecen en la popular serie de televisión *Mad Men*. Es joven —acaba de cumplir cuarenta años— y parece aún más joven, con mejillas tersas, gafas metálicas y una sonrisa de oreja a oreja. Además, es un auténtico apasionado del marketing. Sí, del marketing. Para Dave, el marketing no consiste en tratar de convencer a la gente de que compre cosas que no quiere o no necesita. El marketing consiste en aprovechar su genuino entusiasmo por productos y servicios que le resulten útiles. O divertidos. O bonitos.

El marketing consiste en extender el amor. Dave empezó siendo un (así llamado), fidelizador, encargado de encontrar formas de premiar a los clientes por mantenerse fieles a una marca determinada. Creó y vendió dos agencias publicitarias antes de fundar su empresa actual, BzzAgent.

BzzAgent funciona del siguiente modo. Pongamos que eres Philips, el creador del cepillo de dientes eléctrico Sonicare. Las ventas van bien, pero se trata de un producto nuevo y la mayoría de la gente no sabe qué es o por qué iba a querer comprar uno. Los clientes existentes de Sonicare están empezando a hacer correr la voz, pero quieres acelerar las cosas y que haya más gente que hable del producto.

Aquí es donde entra en escena BzzAgent.

A lo largo de los años, la empresa ha montado una red de más de ochocientos mil agentes, personas que han dicho estar interesadas en conocer y probar nuevos productos. Los agentes abarcan una amplia variedad de edades, estatus y ocupaciones. La mayoría tienen entre dieciocho y cincuenta y cuatro años, son cultos y disponen de unos ingresos razonables. Profesores, amas de casa, profesionales, doctores, e incluso directores generales son agentes de BzzAgent.

Si te estás preguntando qué clase de persona podría ser uno de sus agentes, la respuesta es tú. Los agentes representan al grueso de la población de Estados Unidos. Cuando llama un nuevo cliente, el equipo de Dave busca en su amplia base de datos para encontrar agentes que se ajusten al perfil demográfico o psicográfico deseado. ¿Philips cree que su cepillo de dientes será especialmente del agrado de profesionales de edades comprendidas entre veinticinco y treinta y cinco años de la costa Este? No hay problema, Dave tiene a varios miles en cartera. ¿Preferirías a madres trabajadoras preocupadas por la higiene dental? También las tiene.

BzzAgent se pone en contacto con los agentes adecuados de su red y les invita a participar en una campaña. Los que aceptan, reciben por correo un kit que contiene información sobre el producto y cupones para realizar una prueba gratuita. Los participantes en la campaña de Sonicare, por ejemplo, recibieron gratuitamente un cepillo de dientes y un descuento de diez dólares en la compra de otros cepillos para que pudiesen dárselos a otras personas. Los participantes en una campaña de Taco Bell recibieron cupones para obtener tacos de forma gratuita, ya que los tacos son difíciles de enviar por correo.

A continuación, durante los meses siguientes, los agentes realizan informes describiendo sus conversaciones sobre el producto. Es importante señalar que no reciben pago alguno. Participan sólo por recibir artículos gratuitamente y conocer productos nuevos antes que sus amigos y familiares. Nunca se les presiona para que digan más que lo que creen honradamente, tanto si les gusta el producto como si no.

Cuando la gente oye hablar de BzzAgent por primera vez, hay quien afirma que no puede funcionar nunca. Argumentan que la gente no menciona espontáneamente productos en sus conversaciones cotidianas. No resultaría natural.

Sin embargo, lo que la mayoría ignora es que hablan constantemente de productos, marcas y organizaciones de manera natural. Cada día, el norteamericano corriente participa en más de dieciséis episodios de boca a boca, conversaciones separadas en las que dicen algo positivo o negativo sobre una organización, marca, producto o servicio. Recomendamos restaurantes a compañeros de trabajo, informamos sobre grandes rebajas a nuestros familiares, y recomendamos niñeras responsables a nuestros vecinos. Los consumidores norteamericanos mencionan marcas concretas más de tres mil millones de veces al día. Este tipo de conversaciones sociales son casi como respirar. Son tan básicas y habituales que ni siquiera nos damos cuenta de ellas.

Si quieres conocerte mejor, trata de llevar un diario de tus conversaciones durante veinticuatro horas. Lleva siempre bolígrafo y papel y escribe todas las cosas que mencionas a lo largo del día. Te sorprenderás de todos los productos e ideas de los que hablas.

La curiosidad sobre cómo funcionaban estas campañas me llevó a unirme a ellas. Soy un gran aficionado a la leche de soja, así que cuando Silk llevó a cabo una campaña sobre la leche de almendras tenía que probarla (al fin y al cabo, ¿cómo se puede obtener leche de una almendra?). Utilicé un cupón, obtuve el producto en una tienda y lo probé. Era deliciosa.

El producto no sólo era bueno, era tan bueno que tenía que contárselo a los demás. Mencioné la leche de almendras Silk a amigos que no toman leche normal y les di cupones para que la probaran. No porque tuviera que hacerlo. Nadie me miraba por encima del hombro para asegurarse de que lo comentara. Simplemente me gustaba el producto y pensaba que a los demás también podía gustarles.

Precisamente por eso es por lo que BzzAgent y otras empresas de marketing basadas en el boca a boca son eficaces. No obligan a la gente a decir cosas buenas de productos que odian, ni engatusan a nadie para que introduzca artificialmente recomendaciones de productos en sus conversaciones. Los agentes de BzzAgent se limitan a aprovechar el hecho de que las personas ya hablan de productos y servicios con los demás. Dale a la gente un producto que le guste y estará encantada de hacer correr la voz.

¿Por qué la gente habla más de unos productos que de otros?

BzzAgent ha realizado cientos de campañas para clientes tan distintos como Ralph Lauren, March of Dimes, y Holiday Inn Express. Algunas campañas tuvieron más éxito y generaron más boca a boca que otras. ¿Por qué? ¿Se debió simplemente a que algunos productos o ideas tuvieron más suerte? ¿O tal vez había ciertos principios subyacentes que hicieron que se hablase más de determinados productos?

Me ofrecí a ayudarles a descubrir la respuesta. Entusiasmado ante esa perspectiva, Dave nos dio a mi colega Eric Schwartz y a mí acceso a los datos de los cientos de campañas que había llevado a cabo a lo largo de los años.

Empezamos probando una idea intuitiva: se habla más de los productos interesantes que de los aburridos. Los productos pueden ser interesantes porque son nuevos, emocionantes o frustran expectativas de algún modo. Si el interés provoca que se hable de algo, se debería de hablar más de las películas de acción y de Disney World que de los Cheerios y del detergente para lavavajillas.

Desde un punto de vista lógico, esto tiene sentido. Como hemos dicho en el capítulo de la moneda social, cuando hablamos con los demás, no sólo estamos transmitiendo información; también decimos algo de nosotros mismos. Cuando ponemos por las nubes una nueva película extranjera o decimos que nos ha decepcionado el restaurante tailandés de la esquina, estamos demostrando nuestros conocimientos culturales y culinarios y nuestro gusto. Como queremos que los demás piensen que somos interesantes, buscamos cosas interesantes que contarles. Al fin y al cabo, ¿quién iba a querer invitar a alguien a un cóctel si sólo habla de detergente para lavavajillas y cereales del desayuno?

Basándose en esta idea, los anunciantes tratan a menudo de crear anuncios sorprendentes e incluso impactantes. Monos danzantes o lobos hambrientos persiguiendo una banda de música militar. Las campañas de marketing viral y de guerrilla se basan en la misma idea: gente vestida de pollo entregando billetes de cincuenta dólares en el metro. Hay que hacer algo diferente o la gente no hablará de ello.

Pero ¿es realmente así? ¿Las cosas tienen que ser interesantes para que se hable de ellas?

Para averiguarlo, tomamos los cientos de productos que habían sido objeto de campañas de BzzAgent y preguntamos a la gente hasta qué punto los encontraba interesantes. ¿Un dispositivo de autolimpieza para la ducha? ¿Un servicio que conserva el cordón umbilical de los niños recién nacidos? Ambos parecen bastante interesantes. ¿Enjuague bucal y surtido de frutos secos? No tan interesantes.

A continuación, examinamos la relación entre el interés que despertaba el producto y la frecuencia con que se hablaba de él durante las diez semanas de campaña.

No la había. No se hablaba más de los productos interesantes que de los aburridos.

Desconcertados, dimos un paso atrás. ¿Era posible que «interés» no fuese el término adecuado, un concepto potencialmente demasiado impreciso o general? Así que pedimos a la gente que clasificara los productos basándose en datos más concretos, como lo novedosos o sorprendentes que fueran. Un cepillo de dientes eléctrico se consideraba más novedoso que las bolsas de plástico de almacenaje; los zapatos de vestir diseñados para resultar tan cómodos como el calzado deportivo eran considerados más sorprendentes que las toallas de baño.

Sin embargo, seguía sin haber relación entre la puntuación relativa a novedad o sorpresa y el boca a boca. No se hablaba más de los productos más novedosos o sorprendentes.

Tal vez la explicación estuviera en las personas que puntuaban los productos. Al principio habíamos utilizado a estudiantes universitarios, así que reclutamos a un nuevo grupo de personas, de todas las edades y procedencias.

Nada. De nuevo, los resultados siguieron siendo los mismos. No había correlación entre los niveles de interés, novedad o sorpresa y el número de veces que la gente hablaba de los productos.

Estábamos realmente perplejos. ¿Qué estábamos haciendo mal? Nada, como se vio luego. Simplemente no estábamos haciendo las preguntas adecuadas.

Diferencia entre boca a boca inmediato y continuado

Nos hemos centrado en si determinados aspectos importan; concretamente, si se habla más de los productos más interesantes, novedosos o sorprendentes. Sin embargo, como nos dimos cuenta enseguida, deberíamos haber examinado cuándo importan.

Hay un boca a boca inmediato y un boca a boca continuado. Imagínate que acabas de recibir un correo electrónico sobre una nueva iniciativa de reciclaje. ¿Hablas de ella con tus compañeros de trabajo ese mismo día? ¿Se la cuentas a tu pareja el fin de semana? En tal caso, se trata de un boca a boca inmediato. Tiene lugar cuando explicas los detalles de una experiencia o compartes la información recibida poco después de que tenga lugar.

El boca a boca continuado, en cambio, hace referencia a las conversaciones mantenidas durante las semanas y meses siguientes. Las películas que viste el mes anterior o las vacaciones del año pasado.

Ambos tipos de boca a boca son valiosos, pero algunos son más importantes para determinados productos o ideas. Las películas dependen del boca a boca inmediato. Las salas de cine buscan el éxito de buenas a primeras, de modo que si una película no triunfa inmediatamente, la sustituyen por otra. Los nuevos productos alimentarios están sometidos a una presión parecida. Las tiendas de alimentación disponen de espacio limitado en sus estanterías. Si los consumidores no empiezan a comprar inmediatamente un nuevo producto para combatir el colesterol, probablemente la tienda dejará de tenerlo en sus almacenes. En tal caso, el boca a boca inmediato resulta decisivo.

No obstante, para la mayoría de productos o ideas, el boca a boca continuado es también importante. Las campañas contra el acoso escolar no sólo pretenden que los estudiantes hablen del tema justo después de que la campaña entre en vigor, sino que quieren que hagan correr la voz hasta que el acoso sea erradicado. Las nuevas iniciativas políticas sin duda se benefician de los grandes debates que tienen lugar cuando se proponen, pero para hacer cambiar la intención de los votantes, es necesario que la gente continúe mencionándolas hasta que llegue el día de las elecciones.

Pero ¿qué es lo que hace que alguien hable de algo al poco tiempo de que suceda? ¿Son las mismas cosas que le impulsan a hablar de ellas semanas o meses después?

Para responder a estas preguntas, dividimos los datos de cada campaña en dos categorías: boca a boca inmediato y boca a boca continuado. Luego examinamos cuánto boca a boca de cada modalidad generaban los diferentes tipos de productos.

Tal como sospechábamos, los productos interesantes eran objeto de más boca a boca inmediato que los aburridos. Esto refuerza lo que dijimos en el capítulo de la moneda social: las cosas interesantes son entretenidas y se reflejan positivamente en la persona que habla de ellas.

No obstante, los productos interesantes no mantenían altos niveles de boca a boca a lo largo del tiempo. Los productos interesantes no eran objeto de boca a boca continuado más que los aburridos.

Imagínate que un día voy a trabajar vestido de pirata. Con una bandana de satén rojo, un chaleco largo negro, pendientes de oro y un parche en el ojo. Sería bastante destacable. Las personas de mi oficina probablemente chismorrearían sobre ello todo el día. «Pero ¿puede saberse qué hace Jonah? ¡Se supone que la vestimenta informal de los viernes es para estar relajado, pero esto es llevar las cosas demasiado lejos!»

No obstante, aunque mi atuendo de pirata provocaría mucho boca a boca inmediato, probablemente la gente no seguiría hablando de ello cada semana durante los dos meses siguientes.

De modo que, si el interés no impulsa el boca a boca continuado, ¿qué lo impulsa? ¿Qué hace que la gente siga hablando?

De las chocolatinas Mars a las votaciones: cómo afectan los activadores al comportamiento

En un momento dado, algunos pensamientos son más intuitivos o accesibles que otros. Ahora, por ejemplo, puede que estés pensando en la frase que estás leyendo o en el sándwich que has tomado para comer.

Algunas cosas son crónicamente accesibles. A los fanáticos de los deportes o a los *gourmets* estos temas a menudo son los primeros que les vienen a la mente. Piensan constantemente en los últimos resultados de su equipo preferido o en formas de combinar ingredientes para hacer platos deliciosos.

Sin embargo, los estímulos del entorno también pueden determinar qué pensamientos e ideas nos vienen primero a la mente. Si ves a un cachorrito mientras corres por el parque, puede que recuerdes que siempre has querido adoptar un perro. Si hueles comida china al pasar por la tienda de fideos de la esquina, puede que empieces a pensar qué pedirás para comer. O si oyes un anuncio de Coca-Cola, puede que recuerdes que la noche anterior se te acabaron los refrescos. Las imágenes, los olores y los sonidos pueden activar pensamientos sobre el cambio climático. Ver una playa arenosa en una revista de viajes puede activar pensamientos sobre la cerveza Coronita.

Utilizar un producto es un fuerte activador. La mayoría de gente bebe leche con más frecuencia que zumo de uva, de modo que la leche viene antes a la mente. Pero los activadores también pueden ser indirectos. Ver un tarro de mantequilla de cacahuete no sólo hace que pensemos en mantequilla de cacahuete, sino también en la mermelada con la que se acompaña habitualmente. Los activadores son como pequeños recordatorios de conceptos e ideas relacionados.

¿Por qué importa que determinados pensamientos o ideas sean los primeros que te vienen a la mente? Porque los pensamientos y las ideas accesibles llevan a la acción. A mediados de 1997, la empresa de golosinas Mars notó un inesperado repunte en las ventas de sus barritas de chocolate. Le sorprendió, porque no había cambiado su estrategia de marketing en modo alguno. No estaba invirtiendo más en publicidad, no había modificado el precio y no había llevado a cabo ninguna promoción especial. Sin embargo, las ventas habían aumentado. ¿Qué había sucedido?

Todo se debía a la NASA. Concretamente a la misión Pathfinder de la NASA. La misión pretendía recoger muestras sobre la atmósfera, el clima y el terreno de un planeta cercano. El proyecto necesitó años de preparación y una financiación de millones de dólares. Cuando la sonda se posó por fin en el paisaje extraterrestre, todo el mundo se sintió embelesado y todos los medios de comunicación relataron el éxito de la NASA. ¿Cuál era el destino de la misión Pathfinder? Marte.*

Las barritas Mars deben su nombre al fundador de la empresa, Franklin Mars, no al planeta Marte. Sin embargo, la atención que dedicaron los medios de comunicación al planeta actuó como un activador que le recordaba a la gente las barritas de chocolate e hizo incrementar las ventas. Tal vez los fabricantes de Sunny Delight** deberían animar a la NASA a que explorase el sol.

Los investigadores musicales Adrian North, David Hargreaves y Jennifer McKendrick estudiaron cómo los activadores podían afectar más ampliamente la conducta de los consumidores en los supermercados. ¿Sabes la música ambiental que sueles oír cuando estás comprando alimentos? Bien, North, Hargreaves y McKendrick la sustituyeron veladamente por música de diferentes países. Algunos días pusieron música francesa y otros música alemana; la que esperarías oír en la terraza de un café francés a la orilla del Sena o la que esperarías oír en la Oktoberfest. A continuación, comprobaron qué clase de vino compraba la gente.

Cuando sonaba música francesa, la mayoría de los clientes compraba vino francés. Cuando sonaba música alemana, la mayoría de clientes compraba vino alemán. Al hacer pensar a los consumidores en países diferentes, la música influía en las ventas. La música facili-

---

* Marte, en inglés es Mars, como la marca de las chocolatinas. (*N. del t.*)
** Literalmente, «Placer Soleado». (*N. del t.*)

taba el acceso a ideas relacionadas con esos países, y esas ideas accesibles influían sobre la conducta.

La psicóloga Gráinne Fitzsimons y yo realizamos un estudio relacionado sobre cómo fomentar que la gente consumiera más frutas y verduras. Promover hábitos alimentarios sanos es complicado. La mayoría de gente es consciente de que debería comer más frutas y verduras. La mayoría te dirán que saben que deberían comer más frutas y verduras, pero, a la hora de poner frutas y verduras en el carro de la compra o en el plato se olvidan de hacerlo. Pensamos utilizar activadores para ayudarles a recordar.

A los estudiantes se les pagó veinte dólares por informarnos qué tomaban cada día para desayunar, comer y cenar en el comedor cercano. Lunes: un bol de cereales azucarados, dos porciones de lasaña de pavo con ensalada como guarnición y un sándwich de cerdo en tiras con espinacas y patatas fritas. Martes: yogur con fruta y frutos secos, pizza de pepperoni con Sprite y tallarines tailandeses salteados con gambas.

Cuando habían transcurrido la mitad de las dos semanas designadas para el estudio, se pidió a los estudiantes que participasen en lo que parecía un experimento independiente con un investigador diferente. Se les pidió que dieran su opinión sobre un eslogan de salud pública dirigido a estudiantes universitarios. Sólo para asegurarse de que lo recordaran, se les mostró más de veinte veces, impreso en diferentes colores y tipos de letra.

Un grupo de estudiantes vio el eslogan «Vive de forma saludable; come cinco piezas de fruta y verdura al día». Otro grupo vio «Cada bandeja del comedor tiene que contener cuatro piezas de fruta y verdura al día». Ambos eslóganes animaban a la gente a comer frutas y verdura, pero el eslogan de la bandeja lo hacía utilizando un activador. Los estudiantes vivían en un campus, y muchos de ellos comían en comedores en los que se utilizaban bandejas. De modo que queríamos ver si podíamos activar unos hábitos alimentarios sanos mencionando la bandeja para recordarles a los estudiantes el eslogan.

A nuestros estudiantes no les importaba el eslogan de la bandeja. Lo calificaron de «cursi» y lo calificaron como la mitad de atractivo que el más genérico «vive de forma saludable». Además, cuando se les preguntó si el eslogan influiría en su consumo de frutas y verduras, los estudiantes a los que se les mostró el eslogan de la «bandeja» tenían claramente más probabilidades de decir no.

Sin embargo, por lo que respecta a la conducta real, los efectos fueron asombrosos.

Los estudiantes a los que se les mostró el eslogan más genérico «vive de forma saludable» no cambiaron sus hábitos alimentarios. Sin embargo, los estudiantes que vieron el eslogan de la «bandeja» y utilizaban bandejas en la cafetería cambiaron considerablemente su conducta. Las bandejas les recordaban el eslogan y, como resultado, comían un 25 por ciento más de fruta y verdura. El activador funcionó.

Estábamos bastante emocionados por los resultados. Conseguir que los estudiantes universitarios hagan algo —y no digamos comer más frutas y verduras— es una hazaña impresionante.

No obstante, cuando un colega nuestro oyó hablar del estudio, se preguntó si los activadores podrían tener impacto en una conducta todavía más trascendente: votar.

¿Dónde votaste en las últimas elecciones?

La mayoría de gente responderá a esta pregunta con el nombre de su ciudad o de su estado. Evanston. Birmingham. Florida. Nevada. Si se les pide que concreten, puede que añadan «cerca de mi oficina» o «enfrente del supermercado». Muy pocos serán más específicos. ¿Por qué habrían de serlo? Aunque está claro que la geografía influye en las votaciones —la costa Este es tradicionalmente demócrata, mientras que el sur es republicano—, muy poca gente pensaría que el lugar exacto donde votan tiene importancia.

Pero la tiene.

Los politólogos habitualmente dan por sentado que los votos se basan en preferencias estables y racionales: las personas tienen creencias fundamentales y sopesan los costes y beneficios a la hora de votar. Si nos preocupa el medio ambiente, votamos a candidatos que prometen proteger los recursos naturales. Si nos preocupa la sanidad, apoyamos iniciativas para hacerla más asequible a un mayor número de personas. Según este planteamiento de una conducta cognitiva a la hora de votar, el tipo concreto de edificio en que la gente deposita su voto no debería tener ninguna influencia.

Sin embargo, a la luz de lo que habíamos aprendido acerca de los activadores, no estábamos tan seguros de ello. En Estados Unidos, a la mayoría de la gente se le asigna un colegio electoral determinado. Suelen ser edificios públicos —parques de bomberos, juzgados o colegios—, pero también pueden ser iglesias, edificios de oficinas particulares, u otros locales.

Los diferentes lugares presentan diferentes activadores. Las iglesias están llenas de imaginería religiosa, lo cual puede hacer recordar a la gente la doctrina eclesiástica. Los colegios están llenos de armarios, pupitres y pizarras, que pueden hacer que la gente piense en los niños o en sus primeras experiencias educativas.

Y, una vez activados, esos pensamientos pueden alterar la conducta.

¿Sería posible que votar en una iglesia hiciera que la gente viera de forma más negativa el aborto o el matrimonio homosexual? ¿Votar en una escuela podría llevar a la gente a apoyar los fondos para educación?

Para comprobar esta idea, Marc Meredith, Christian Wheeler y yo recopilamos datos de cada colegio electoral durante las elecciones generales de Arizona en el año 2000. Utilizamos el nombre y la dirección de cada colegio electoral para determinar si se trataba de una iglesia, una escuela o algún otro tipo de edificio. Al 40 por ciento de las personas se les asignó votar en iglesias, al 26 por ciento en colegios, al 10 por ciento en centros comunitarios y al resto en edificios de apartamentos, campos de golf, e incluso aparcamientos de caravanas.

A continuación, examinamos si la gente votaba de forma diferente en los distintos tipos de colegio electoral. Concretamente, nos centramos en una iniciativa electoral que proponía elevar los impuestos del 5 al 5,6 por ciento para financiar los colegios públicos. Esta iniciativa había sido objeto de un encendido debate, con argumentos convincentes en ambos sentidos. La mayoría de gente apoya la educación, pero a muy pocos les gusta pagar más impuestos. Se trataba de una decisión complicada.

Si no importaba dónde votaba la gente, el porcentaje que apoyaba la iniciativa debería ser el mismo, independientemente de que la votación se realizase en escuelas o en otro tipo de colegios electorales.

Sin embargo, no lo fue. Más de diez mil personas más votaron a favor de la iniciativa relativa a la financiación escolar cuando el colegio electoral era una escuela. El colegio electoral tuvo un impacto tremendo en la intención de voto. Y la iniciativa prosperó.

Esta diferencia persistió incluso después de tener en cuenta las diferencias regionales en cuanto a preferencias políticas y demografía. Comparamos incluso dos grupos similares de votantes para verificar los resultados. Las personas que vivían cerca de las escuelas y se les asignó votar en una de ellas, con las personas que vivían cerca de una escuela pero se les asignó votar en un colegio electoral diferente (como, por ejemplo, un parque de bomberos). Un porcentaje significativamente mayor de las personas que votaron en escuelas estaba a favor de aumentar la financiación. El hecho de encontrarse en una escuela a la hora de votar provocó una actitud más favorable a los colegios.

Una diferencia de diez mil votos en unas elecciones estatales podría no parecer demasiado, pero era más que suficiente para decantar un resultado ajustado. En las elecciones presidenciales del año 2000, la diferencia entre George Bush y Al Gore se redujo a menos de mil votos. Si mil votos son suficientes para decidir unas elecciones, no digamos diez mil. Los activadores importan.

Así que, ¿cómo contribuyen los activadores a determinar si los productos y las ideas triunfan?

Buscando a «Friday» el... viernes

En 2011, Rebecca Black logró un éxito trascendental. La chica de trece años grabó la que, para muchos críticos musicales, es la peor canción de la historia.

Nacida en 1997, Rebecca era sólo una niña cuando grabó su primera canción completa. No obstante, aquella distaba mucho de ser su primera incursión en la música. Había hecho audiciones, había asistido a campamentos musicales de verano y había cantado en público durante varios años. Tras enterarse de que una compañera de clase había buscado ayuda externa para lanzar su carrera musical, los padres de Rebecca pagaron cuatro mil dólares a ARK Music Factory, un sello discográfico de Los Ángeles, para que compusieran una canción que su hija pudiera cantar. El resultado fue absolutamente, en fin..., espantoso. La canción, titulada *Friday* (viernes) era un tema estridente y sobreproducido sobre la vida adolescente y la alegría ante el fin de semana. Empieza explicando cómo se levanta por la mañana y se prepara para ir al colegio:

Siete de la mañana, me levanto
Tengo que despejarme, tengo que bajar
Coger mi tazón, tomar mis cereales

A continuación, se dirige corriendo a la parada del autobús, ve a sus amigos que llegan en un coche y se pregunta si sentarse en el asiento delantero o en el trasero. Al final, tras esa difícil disyuntiva, se arranca con el estribillo, una oda a la emoción que siente ante los dos inminentes días de libertad:

Es viernes, viernes
Tengo que pasármelo bien el viernes
Todo el mundo espera que llegue el fin de semana, fin de semana.

En definitiva, todo el tema parece más un monólogo de pensamientos al azar que pasan por la cabeza especialmente hueca de una adolescente que una auténtica canción.

Con todo, el vídeo de esta canción fue uno de los más virales de 2011. Fue visto más de trescientos millones de veces en YouTube, y muchos millones más escucharon el tema a través de otros canales.

¿Por qué? La canción era horrible. Entonces, ¿qué fue lo que hizo que tuviera tanto éxito?

Echa una ojeada al número de búsquedas diarias de «Rebecca Black» en YouTube en marzo de 2011, poco después de que la canción apareciese por primera vez. A ver si encuentras un patrón.

¿Ves el pico una vez a la semana? Fíjate más y verás que el pico se produce siempre el mismo día. Hubo uno el 18 de marzo, otro siete días más tarde, el 25 de marzo, y otro al cabo de otros siete días, el 1 de abril.

¿Qué día concretamente? Lo has adivinado. El viernes, igual que el título de la canción de Rebecca Black. De modo que, aunque la canción era igual de mala todos los días de la semana, cada viernes había un fuerte activador que contribuyó a su éxito.

Búsquedas de «Rebecca Black» en YouTube

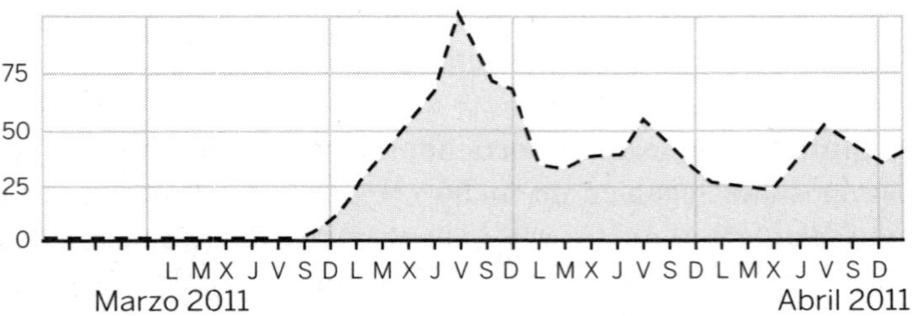

Activar para que se hable

Tal como tratamos en el capítulo de la moneda social, cierto boca a boca está provocado por el deseo de la gente de quedar bien ante los demás. Mencionar cosas ingeniosas o entretenidas hace que las personas parezcan más inteligentes y divertidas. Sin embargo, ese no es el único factor que nos lleva a compartir información.

La mayoría de conversaciones pueden describirse como charlas triviales. Charlamos con otros padres durante los partidos de fútbol de nuestros hijos o con compañeros de trabajo en la sala de descanso. Estas conversaciones no tratan tanto de encontrar cosas interesantes que decir que nos hagan quedar bien, como de llenar silencios. No queremos quedarnos callados, así que hablamos de algo. De cualquier cosa. Nuestro objetivo no es necesariamente demostrar que somos interesantes, divertidos, o inteligentes. Simplemente queremos decir algo para que la conversación fluya. Cualquier cosa que demuestre que no somos unos conversadores espantosos.

Entonces, ¿de qué hablamos? Cualquiera de las primeras cosas que nos vienen a la mente es un buen punto de partida. Si algo es accesible, suele ser relevante para la situación que nos ocupa. ¿Has leído sobre la construcción del nuevo puente? ¿Qué te pareció el partido de anoche? Podemos hablar de esos temas porque tienen lugar en nuestro entorno. Hemos visto las excavadoras en la carretera, así que tenemos en mente la construcción. Nos topamos con un amigo aficionado a los deportes, así que pensamos en el gran partido. Los activadores fomentan el boca a boca.

Volviendo a los datos de BzzAgent, los activadores nos ayudaron a responder por qué se habla más de determinados productos. Los productos activados con más frecuencia eran objeto de boca a boca un 15 por ciento más. Incluso los productos más cotidianos, como las bolsas Ziploc y los humidificadores, fueron objeto de mucha atención porque la gente pensaba en ellos muy frecuentemente. Las personas que utilizan un humidificador suelen aplicárselo al menos una vez al día. Las personas a menudo utilizan bolsas Ziploc después de las comidas para guardar las sobras. Estas actividades cotidianas hacen que se piense en esos productos habitualmente y, en consecuencia, se hablaba más de ellos.

Asimismo, dichos productos no sólo fueron objeto de más boca a boca inmediato, sino también continuado. En este sentido, las bolsas Ziploc son la antítesis de que yo acuda a dar clase vestido de pirata. La historia del pirata es interesante, pero aunque hoy esté de actualidad, mañana se olvidará. Puede que las bolsas Ziploc sean aburridas, pero son mencionadas una semana tras otra porque se piensa en ellas con frecuencia. Al actuar como recordatorios, los activadores no sólo hacen que las personas hablen, sino que sigan hablando. Tener algo en mente equivale a tenerlo en la punta de la lengua.

De modo que, en lugar de limitarnos a buscar un mensaje pegadizo, hay que tener en cuenta el contexto. Hay que pensar si el mensaje aparecerá en el entorno cotidiano de su público objetivo. Por defecto, tendemos a buscar lo interesante. Tanto si se trata de presentarnos a delegados de clase o de vender refrescos, pensamos que los eslóganes ingeniosos o pegadizos nos llevarán a donde queremos llegar.

Sin embargo, tal como vimos en nuestro estudio sobre las frutas y verduras, un activador importante puede ser mucho más eficaz que utilizar un eslogan pegadizo. Aunque odiasen el eslogan, los estudiantes universitarios comían más frutas y verduras cuando las bandejas de la cafetería activaban el recuerdo de los beneficios para la salud. El simple hecho de estar expuestos a un eslogan ingenioso no alteraba en absoluto su conducta.

La compañía de seguros de automóvil GEICO emitió anuncios que decían que cambiarse a GEICO era tan sencillo que incluso un hombre de las cavernas podría hacerlo. Desde el punto de vista del ingenio, los anuncios eran magníficos. Eran divertidos y reflejaban que cambiarse a GEICO era fácil. Sin embargo, desde el punto de vista de los activadores, los anuncios fueron un fracaso. No vemos a demasiados cavernícolas en nuestra vida cotidiana, así que es poco probable que el anuncio nos venga a la cabeza a menudo, y es menos probable que se hable de él.

Comparemos esto con la campaña del «Wassup?» de la cerveza Budweiser. Dos tipos hablan por teléfono mientras beben Budweiser y miran un partido de baloncesto por la tele. Llega un tercer amigo. Grita «Wassup?»* Esto da pie a una interminable serie de «wasupps» entre un número cada vez mayor de amigos que beben Budweisser.

No, no era el más ingenioso de los anuncios. Sin embargo, se convirtió en un fenómeno global, y al menos parte de su éxito se debió a los activadores. Budweiser tuvo en cuenta el contexto. En aquel momento, «Wassup» era un saludo popular entre los jóvenes. El simple hecho de saludar a los amigos activaba el recuerdo de Budweiser en el principal grupo de consumidores de la marca.

---

* ¿Qué pasa? (*N. del t.*)

Cuanto más se retrasa el comportamiento deseado, más importante es que sea activado. Las investigaciones de mercado se centran a menudo en la reacción inmediata de los consumidores ante un mensaje o una campaña publicitaria. Esto puede resultar valioso en situaciones en las que al consumidor se le ofrece la oportunidad inmediata de comprar el producto. Sin embargo, en la mayoría de casos, la gente oye un anuncio un día y va a la tienda días o semanas después. Si no se provoca que piensen en él, ¿cómo van a acordarse del anuncio cuando estén en la tienda? Las campañas de salud pública también saldrían beneficiadas si tuvieran en cuenta el contexto. Pensemos en los mensajes que animan a los estudiantes universitarios a consumir alcohol de manera responsable. Aunque los mensajes sean ingeniosos y convincentes, se exhiben en el centro de salud del campus, lejos de las fraternidades u otros lugares donde los estudiantes beben. De modo que, aunque los estudiantes puedan estar de acuerdo con el mensaje cuando lo leen, es improbable que les haga modificar su comportamiento a menos que se les haga pensar en él cuando están bebiendo.

Los activadores explican incluso cuándo el boca a boca negativo tiene efectos positivos. El economista Alan Sorensen, Scott Rasmussen y yo analizamos cientos de críticas literarias de *The New York Times* con el fin de averiguar cómo las críticas positivas y negativas afectaban a las ventas de libros.

Contrariamente a la idea de que cualquier publicidad es buena, las críticas negativas influyen negativamente en las ventas de algunos libros. No obstante, por lo que respecta a autores noveles o relativamente desconocidos, las críticas negativas hicieron incrementar las ventas un 45 por ciento. Por ejemplo, un libro titulado *Fierce People*, recibió críticas terribles. El *Times* señaló que «el autor no es especialmente agudo» y que «el cambio de tono es tan brusco que crea una disonancia casi desagradable». A pesar de todo, después de la crítica, las ventas se cuadruplicaron.

La explicación está en los activadores. Una mala crítica o un boca a boca negativo pueden aumentar las ventas si informan o recuerdan a la gente la existencia de un producto o una idea. Por esa razón, las ventas de un vino tinto toscano de sesenta dólares se vieron incrementadas un cinco por ciento después de que una importante página web lo describiese diciendo que «recordaba a calcetines malolientes». Por la misma razón, las ventas del Shake Weight, una pesa vibradora ampliamente ridiculizada por los medios de comunicación y los consumidores, ascendieron a cincuenta millones de dólares. Incluso la atención negativa puede ser útil si hace que tengamos los productos y las ideas en mente.

Kit Kat y café: ampliar el hábitat

Un producto que ha utilizado los activadores de manera brillante es el Kit Kat. «Dame un respiro, dame un respiro, dame un trozo de esa barrita de Kit Kat.» Introducida en Estados Unidos en 1986, la melodía de Kit Kat es una de las sintonías publicitarias más emblemáticas jamás compuestas. Cántale el primer par de palabras a prácticamente cualquier persona de más de veinticinco años y podrá acabar el estribillo. Los investigadores han llegado a calificarla como una de las diez tonadas más pegadizas —una melodía que no te puedes sacar de la cabeza— de todos los tiempos. Más memorable incluso que *YMCA* (chúpate esa, Village People).

Sin embargo, en 2007, a Colleen Chorak se le encomendó la tarea de reavivar la marca Kit Kat. Más de veinte años después de la aparición de la melodía, la marca se había quedado sin gasolina. Hershey produce todo tipo de dulces, desde las Reese's Pieces y los Hershey's Kisses hasta Almond Joy, Twizzlers, y Jolly Ranchers. Con esta amplia gama de productos diferentes, no es de extrañar que una marca se pierda. Y eso es exactamente lo que había pasado con Kit Kat. Hershey se había planteado cambiar la campaña de «dame un respiro». Las ventas estaban disminuyendo alrededor de un cinco por ciento anual, y la marca se estaba contrayendo de manera considerable. A la gente todavía le gustaba el producto, pero el interés de los consumidores estaba de capa caída.

Colleen necesitaba encontrar la forma de que los consumidores empezasen a pensar de nuevo en la marca y, teniendo en cuenta los años de fracasos a la hora de hacer un cambio de orientación, la dirección no estaba dispuesta a invertir dinero para que la marca apareciera de nuevo en televisión. Cualquier apoyo financiero sería, en el mejor de los casos, modesto.

Así que se puso a investigar. Colleen se fijó en qué momento la gente consumía Kit Kats. Descubrió dos cosas: los consumidores a menudo comían Kit Kats para hacer una pausa, y muchos lo consumían acompañado de una bebida caliente. Tuvo una idea.

Kit Kat y café. Colleen preparó la campaña en cuestión de meses. Describiéndola como «la mejor amiga de la pausa», en las cuñas radiofónicas aparecía la barrita de chocolate en un mostrador junto a una taza de café, o alguien tomando un café y pidiendo un Kit Kat. Kit Kat y café. Café y Kit Kat. Los anuncios emparejaban constantemente las dos cosas.

La campaña fue un éxito. Al final del año había hecho aumentar las ventas un ocho por ciento. Dos meses más tarde, las ventas habían aumentado un tercio. La combinación de Kit Kat y café puso de nuevo a Kit Kat en el mapa. La marca, que tenía entonces un valor de trescientos millones de dólares, ha pasado a tener un valor de quinientos millones.

Indudablemente, muchas cosas contribuyeron al éxito de la campaña. «Kit Kat y café» era una bonita aliteración, y la idea de tomarse un respiro para tomar un Kit Kat cuadra muy bien con la de hacer una pausa para tomarse un café. Sin embargo, me gustaría añadir otra razón a la lista.

Los activadores. «Kit Kat y cantalupo» es igualmente aliterado y el *break dance* también habría encajado en el concepto de *break*. No obstante, el café es algo especialmente bueno con lo que vincular la marca porque es un estímulo frecuente en el entorno. Muchísimas personas toman café. Muchas de ellas lo hacen varias veces al día. De modo que, al relacionar el Kit Kat con el café, Colleen creó un activador frecuente que hacía que la gente se acordara de la marca.

Los biólogos dicen a menudo que las plantas y los animales tienen hábitats, entornos naturales que contienen todos los elementos necesarios para preservar la vida de un organismo. Los patos necesitan agua y hierbas que comer. Los ciervos se desarrollan en zonas que contienen espacios abiertos en los que pastar.

Los productos y las ideas también tienen hábitats, o series de activadores que hacen que la gente piense en ellos. Pensemos, por ejemplo, en los perritos calientes. Las barbacoas, el verano, los partidos de béisbol, e incluso los perros salchicha (dachshunds) son sólo algunos de los activadores que constituyen el hábitat de los perritos calientes. Comparémoslo con el hábitat de la comida etíope. ¿Qué es lo que hace que la mayoría de gente piense en comida etíope? La comida etíope es indudablemente deliciosa, pero su hábitat no es tan predominante.

La mayoría de productos e ideas tienen una serie de activadores naturales. Las barritas Mars y el planeta Marte están relacionadas de manera natural. La empresa Mars no tuvo que hacer nada para crear ese vínculo. De la misma manera, la música francesa es un activador natural del vino francés, y el último día laborable de la semana es un activador natural de la canción *Viernes* de Rebecca Black.

Sin embargo, también es posible ampliar el hábitat de una idea creando nuevos vínculos con estímulos presentes en el entorno. Normalmente no asociaríamos el Kit Kat con el café, pero, al emparejar ambas cosas de manera repetida, Colleen Chorak logró relacionarlas. Del mismo modo, nuestro experimento de las bandejas creó un vínculo entre las bandejas de los comedores y el mensaje a favor del consumo de frutas y verduras al emparejar repetidamente ambas ideas. Ampliando el hábitat del mensaje, esos nuevos vínculos contribuyeron a lograr que se impusiera la conducta deseada.

Pensemos en un experimento que realizamos con BzzAgent y Boston Market. Este restaurante informal es conocido por su comida casera tradicional (pollo asado y puré de patatas) y se consideraba fundamentalmente una casa de comidas. La dirección quería que tuviera más difusión. Pensamos que podíamos contribuir a ello ampliando su hábitat.

Durante una campaña de seis semanas, varias personas fueron expuestas a mensajes que relacionaban continuamente el restaurante con las cenas. «¿Piensas salir a cenar? ¡Piensa en Boston Market!»

Otras fueron sometidas a una campaña publicitaria parecida que contenía un mensaje más general: «¿Piensas salir a comer? ¡Piensa en Boston Market!». A continuación, evaluamos con qué frecuencia hablaban del restaurante los dos grupos.

Los resultados fueron espectaculares. El mensaje que ampliaba el hábitat (asociando Boston Market con las cenas) hizo que se incrementara el boca a boca un 20 por ciento entre las personas que anteriormente lo asociaban únicamente con la comidas. Al ampliar el hábitat se disparó el boca a boca.

La competencia también puede utilizarse como activador. ¿Cómo pueden las organizaciones sanitarias públicas competir con el poder publicitario de rivales dotados de más fondos, como pueden ser las empresas tabaqueras? Una forma de luchar contra esta desigualdad es transformando la debilidad en fortaleza: haciendo que el mensaje del rival actúe como activador del tuyo. Una famosa campaña antitabaco, por ejemplo, parodiaba los emblemáticos anuncios de Marlboro, mostrando a un vaquero que le decía a otro: «Bob, tengo un enfisema». Así que, cuando ahora alguien ve un anuncio de Marlboro, piensa en el mensaje antitabaco.

Los expertos la denominan estrategia del parásito venenoso, ya que inocula astutamente «veneno» (tu mensaje) en el mensaje del rival, convirtiéndolo en un activador del tuyo.

¿Qué hace que un activador sea eficaz?

Los activadores pueden hacer que se impongan productos e ideas, pero algunos estímulos son mejores activadores que otros. Como hemos señalado, un factor clave es con qué frecuencia se produce el estímulo. El chocolate caliente también combinaría perfectamente con el Kit Kat, y dicha bebida habría potenciado el sabor de la barrita de chocolate todavía más que el café. Sin embargo, el café es un activador más eficaz, porque la gente piensa en él y lo ve con mucha más frecuencia. La mayoría de personas sólo bebe chocolate caliente en invierno, mientras que el café se consume todo el año.

Michelob llevó a cabo una exitosa campaña publicitaria en la década de 1970 que relacionaba los fines de semana con la marca («Los fines de semana son para beber Michelob»). Sin embargo, ese no fue el eslogan con el que se inició la campaña. Originalmente era «Las vacaciones son para beber Michelob». No obstante, resultó ineficaz porque el estímulo elegido —las vacaciones— no se producía con la misma asiduidad. De modo que Anheuser-Busch corrigió el eslogan y lo transformó en «Los fines de semana son para beber Michelob», el cual tuvo mucho más éxito.

La frecuencia, sin embargo, tiene que compensarse con la fuerza del vínculo. Cuantas más cosas se asocien con algo concreto, más débil resultará la relación. Es como hacer un agujero en la base de un vaso de cartón lleno de agua. Si haces un solo agujero, por él saldrá un gran chorro de agua. Sin embargo, si haces más agujeros, la presión de cada chorro disminuirá. Si haces demasiados agujeros, apenas saldrá un hilillo de agua de cada uno.

Los activadores funcionan del mismo modo. El color rojo, por ejemplo, se asocia con muchas cosas: el amor, la Coca-Cola y los coches deportivos, por nombrar sólo unas cuantas. Al ser omnipresente, no es un activador especialmente potente de ninguna de esas ideas. Pídele a diferentes personas que digan lo primero que les viene a la cabeza al pensar en el color rojo y verás a qué me refiero. Compáralo con cuánta gente piensa en «mermelada» cuando dices «mantequilla de cacahuete» y verás claramente por qué los vínculos potentes, más exclusivos, son mejores. Relacionar un producto o una idea con un estímulo que ya se asocia con muchas cosas no es tan eficaz como crear un vínculo nuevo y más original.

También es importante elegir activadores que estén cerca de donde tiene lugar la conducta deseada. Pensemos, por ejemplo, en una ingeniosa, aunque en última instancia ineficaz, campaña publicitaria de Nueva Zelanda. Aparece un hombre atractivo y musculoso dándose una ducha. De fondo se oye una pegadiza sintonía publicitaria de HeatFlow, un nuevo sistema de control de temperatura que garantiza que siempre dispondrás de suficiente agua caliente para tomar una agradable y prolongada ducha. El hombre cierra el grifo. Cuando abre la puerta de la ducha, una atractiva mujer le lanza una toalla. Él sonríe. Ella sonríe. Él sale de la plataforma de la ducha.

De repente, resbala. Cae al suelo y se golpea la cabeza contra el pavimento de baldosas. Mientras yace inmóvil, su brazo tiembla levemente. Una voz en off dice en tono sombrío: «Para evitar los resbalones basta utilizar una alfombra de baño».

¡Ah! Sorprendente, sin duda. Extremadamente memorable. Tan memorable que pienso en él cada vez que me doy una ducha en un cuarto de baño que no tiene una alfombrilla en el suelo.

Sin embargo, hay un problema. No puedo comprar una alfombra en el baño. El mensaje está alejado físicamente de la conducta deseada. A menos que salga del baño, encienda mi ordenador portátil, y compre una alfombrilla por internet, tendré que recordar el mensaje hasta que vaya a una tienda.

Comparémoslo con una campaña en contra de los refrescos azucarados llevada a cabo por el Departamento de Salud Pública de Nueva York. Si bien los refrescos pueden parecer un producto relativamente poco calórico comparado con toda la comida que ingerimos a lo largo del día, beber bebidas azucaradas tiene gran influencia en el exceso de peso. Sin embargo, el Departamento de Salud Pública no sólo quería informar a la gente de la cantidad de azúcar que contenían los refrescos, sino que quería asegurarse de que la gente recordase modificar su conducta y transmitiese el mensaje a los demás.

De modo que el Departamento de Salud realizó un vídeo en el que mostraba a alguien abriendo lo que parecía ser una lata de un refresco corriente. Sin embargo, cuando empieza a verterlo en un vaso, lo que sale es grasa. Una masa de grasa blanca y espesa. El tipo coge el vaso y se bebe la grasa como si fuera un refresco normal, tragándose todos los grumos. El vídeo del hombre que bebe grasa acaba con la imagen fija de un enorme grumo de grasa en un plato. Rezuma sobre la mesa al mismo tiempo que aparece un mensaje destellando en la pantalla: «Beber una lata de refresco al día puede hacerte engordar 4,5 kilos al año. No bebas grasa».

El vídeo es ingenioso. Pero, además, al mostrar grasa saliendo de una lata de refresco, el Departamento de Salud ha aprovechado muy bien los activadores. A diferencia del anuncio de la alfombra de baño, el vídeo activa su mensaje (no consumir bebidas azucaradas) justo en el momento adecuado: cuando la gente piensa en beber un refresco.

Tener en cuenta el contexto

Estas campañas ponen de relieve la importancia de tener en cuenta el contexto: pensar en el entorno de las personas a las que se dirige el mensaje. Los diferentes entornos presentan diferentes estímulos. Arizona está rodeada de desierto. Los habitantes de Florida ven gran cantidad de palmeras. Por consiguiente, diferentes activadores serán más o menos eficaces dependiendo de dónde viva la gente.

De modo parecido, el gran efecto del sándwich de cien dólares del que hablamos en la introducción depende de la ciudad en la que se ofrezca. Un sándwich que cueste cien dólares es bastante destacable estés donde estés. No obstante, la frecuencia con que la gente pensará en él dependerá de la geografía. En los lugares en que se consumen muchos sándwiches de carne y queso (Filadelfia), la gente pensará en él con frecuencia, mientras que en otras localidades (como Chicago) no tanto.

Incluso en una ciudad o en una zona geográfica determinada, la gente experimenta diferentes activadores según el momento del día o del año. Por ejemplo, un estudio que realizamos cerca de Halloween reveló que la gente es mucho más propensa a pensar en productos asociados con el color naranja (como refrescos de naranja o los caramelos Reese's Pieces) el día anterior a Halloween que una semana más tarde. Antes de Halloween, todos los estímulos naranjas del entorno (calabazas, etc.) activaban pensamientos sobre productos de dicho color. Sin embargo, en cuanto acabó la festividad, los activadores desaparecieron, y con ellos los pensamientos en productos naranjas.

De modo que, al pensar, por ejemplo, en cómo recordar llevar bolsas reutilizables al supermercado, piensa en qué activador se activará en el momento preciso. Utilizar bolsas reutilizables es como comer más verduras. Sabemos que debemos hacerlo. Incluso queremos hacerlo (la mayoría de nosotros hemos comprado las bolsas). No obstante, cuando llega el momento de pasar a la acción, nos olvidamos. Entonces, en cuanto llegamos al aparcamiento del supermercado, lo recordamos. ¡Ah! ¡Me he olvidado las bolsas reutilizables! Pero ya es demasiado tarde. Estamos en el supermercado y las bolsas están en el armario de casa.

No es casualidad que pensemos en las bolsas reutilizables justo al llegar a la tienda. El supermercado es un importante activador para las bolsas; pero, por desgracia, no aparece en el momento adecuado. Igual que sucede con el anuncio de la alfombra de baño del Servicio de Salud, la idea surge, pero en el momento equivocado. Para resolver este problema, se nos tendría que recordar que tenemos que coger las bolsas cuando salimos de casa.

¿Qué sería un buen activador en este caso? Cualquier cosa que tengas que llevar para comprar alimentos. La lista de la compra, por ejemplo, es un activador magnífico. Imagínate que cada vez que vieses la lista de la compra te hiciera recordar las bolsas reutilizables. Sería mucho más difícil que te las dejases en casa.

¿Por qué los Cheerios generan más boca a boca que Disney World?

Volviendo al ejemplo del capítulo segundo, los activadores ayudan a explicar por qué los Cheerios generan más boca a boca que Disney World. Sí, Disney World es interesante y emocionante; es cierto. Para utilizar el lenguaje de otros capítulos del libro, es moneda social y provoca mucha emoción (capítulo siguiente). Pero el problema es que la gente no piensa en él con demasiada frecuencia. La mayoría de gente no va a Disney World a menos que tenga hijos. Además, incluso quienes van no lo hacen muy a menudo. Una vez al año, como mucho. Y hay muy pocos activadores que nos recuerden la experiencia después de que se haya desvanecido la emoción inicial.

Sin embargo, cientos de miles de personas comen Cheerios para desayunar cada día. Es más, ven las cajas de color naranja brillante cada vez que empujan los carritos por el pasillo del supermercado donde se encuentran los cereales. Esos activadores hacen que los Cheerios sean más accesibles, incrementando la probabilidad de que la gente hable del producto.

La cantidad de veces que se mencionan las palabras Cheerios y Disney World en Twitter ilustra esto perfectamente. Los Cheerios son mencionados con más frecuencia que Disney World. Pero si examinamos los datos con atención, veremos que hay un patrón muy claro.

Mención de los Cheerios en Twitter

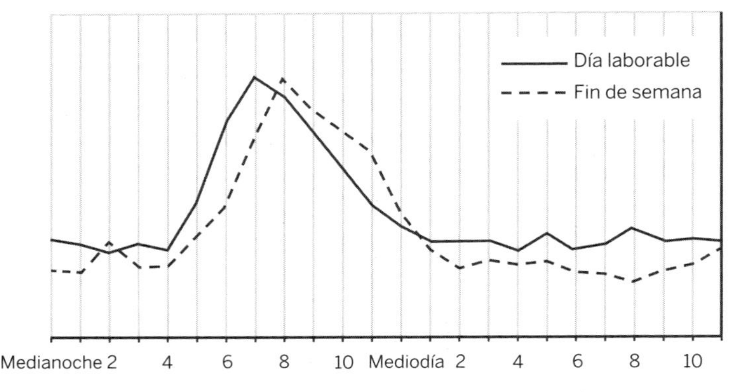

Las menciones a los Cheerios alcanzan su punto máximo cada día aproximadamente a la misma hora. Las primeras referencias tienen lugar a las 5.00 de la mañana. Llegan al máximo entre las 7.30 y las 8.00 horas y disminuyen alrededor de las 11 horas. Este marcado incremento y el descenso correspondiente concuerda exactamente con la hora habitual del desayuno. El patrón llega incluso a cambiar ligeramente los fines de semana, cuando la gente desayuna más tarde. Los activadores impulsan el boca a boca.

Los activadores son la base del boca a boca y del contagio. Utilizando una analogía, pensemos en la mayoría de grupos de rock. La moneda social es el líder. Emociona, divierte, y despierta mucha atención. Los activadores podrían ser el batería o el bajista. No es un concepto de moneda social igual de sexy, pero es eficaz y cumple su función. Puede que la gente no le preste tanta atención, pero realiza el trabajo preliminar que conduce al éxito. Cuanto más se active algo, más frecuentemente nos vendrá a la mente y más éxito tendrá.

De modo que tenemos que tener en cuenta el contexto. Igual que sucede con el «wassup» de Budweiser o *Viernes* de Rebecca Black, nuestros productos e ideas tienen que aprovecharse de los activadores existentes. Por otra parte, tenemos que ampliar el hábitat. Igual que en el caso del Kit Kat y café de Colleen Chorak, tenemos que crear nuevos vínculos con los activadores predominantes. Los activadores y los impulsos hacen que las personas hablen, elijan y utilicen cosas. La moneda social hace que la gente hable, pero los activadores hacen que sigan hablando. Tener algo en mente equivale a tenerlo en la punta de la lengua.

Capítulo 3
Emoción

El 27 de octubre de 2008, Denise Grady ya llevaba más de una década escribiendo sobre ciencia en *The New York Times*. Tenía buen ojo para los temas inusuales y un hábil estilo narrativo, y había recibido numerosos premios periodísticos por hacer que los temas complejos fueran accesibles a los lectores legos en la materia.

Aquel día, uno de los artículos de Grady fue catapultado a los primeros puestos de la lista de los más compartidos. A las pocas horas de su publicación, miles de personas habían decidido enviar el artículo a sus amigos, familiares y compañeros de trabajo. Grady había conseguido un éxito viral.

¿El tema? Cómo se utilizaban las teorías dinámicas de gases y fluidos en la investigación médica. El artículo de Grady detallaba lo que se denomina fotografía schlieren, en la cual «una pequeña fuente de luz brillante, lentes colocadas con precisión, un espejo curvo, una cuchilla que bloquea parte del rayo de luz, y otros utensilios, hacen posible ver y fotografiar alteraciones del aire».

No suena demasiado apasionante, ¿verdad? Bienvenido al club. Cuando le preguntamos a la gente qué opinaba de este artículo desde diferentes puntos de vista, los resultados fueron bastante mediocres. ¿Tenía mucha moneda social? No, decían. ¿Contenía mucha información útil (algo que veremos en el capítulo del valor práctico)? Tampoco.

De hecho, si mirásemos la lista de características consideradas tradicionalmente como prerrequisitos para los contenidos virales, el artículo de Grady, titulado «La tos misteriosa filmada», carecería de la mayoría de ellos. A pesar de todo, es evidente que el artículo tenía algo especial o, de lo contrario, no tanta gente habría pulsado el botón para reenviarlo. ¿De qué se trataba?

El interés de Grady en la ciencia empezó en el instituto. Estaba en clase de química cuando leyó sobre el famoso experimento de Robert Millikan para determinar la carga de un único electrón. Se trataba de una idea complicada y de un experimento complicado. El experimento consistía en suspender minúsculas gotas de aceite entre dos electrodos de metal y medir la fuerza necesaria del campo eléctrico para que las gotitas no cayesen. Grady lo leyó varias veces. Una y otra vez, hasta entenderlo por fin. Sin embargo, cuando lo entendió, fue como un destello. Lo comprendía. Era emocionante. La idea subyacente al experimento era muy ingeniosa, y ser capaz de entenderla resultaba apasionante. Se enganchó.

Al acabar sus estudios, Grady entró a trabajar en la revista *Physics Today* y llegó a ser editora de la sección de salud de *The New York Times*. El objetivo de sus artículos siempre era el mismo: transmitir a la gente aunque sólo fuera una pequeña parte de la emoción que ella había sentido en la clase de química décadas antes. Un reconocimiento a la magia de los descubrimientos científicos.

Aquel octubre, en su artículo, Grady describía cómo captar una imagen de un fenómeno aparentemente invisible: la tos humana.

La técnica de schlieren había sido utilizada durante años por los aeronáuticos y los especialistas militares para estudiar cómo se formaban las ondas de choque alrededor de los aviones supersónicos. Sin embargo, el profesor de ingeniería había utilizado la técnica de forma diferente: para estudiar la propagación de las enfermedades que se transmiten por el aire, como la tuberculosis, el SARS y la gripe.

Es lógico que la mayoría de gente pensara que el artículo no era especialmente útil. Al fin y al cabo, no eran científicos estudiando mecánica de fluidos. Tampoco eran ingenieros tratando de visualizar fenómenos complejos. Además, a pesar de que Grady fuese una de las mejores escritoras sobre ciencia, lo lógico era que la población en general tendiese a interesarse más por artículos sobre deportes o moda. Por último, aunque las toses serían sin duda un buen activador para recordarle a la gente el artículo, el frío y la temporada de gripe suelen alcanzar su punto álgido alrededor del mes de febrero, cuatro meses después de la publicación.

Incluso Grady estaba desconcertada. Como periodista, le encanta que algo escrito por ella se convierta en viral. Y, como la mayoría de periodistas, o incluso los blogueros aficionados, le encantaría saber por qué algunos de sus artículos se divulgan enormemente y otros no. Sin embargo, aunque pudiera hacer alguna hipótesis razonada, ni ella ni nadie saben realmente por qué un artículo se comparte más que otro. ¿Qué hizo que este artículo concreto se convirtiese en viral?

Tras años de análisis, me complace decir que mis colegas y yo tenemos algunas respuestas. El artículo de Grady de 2008 fue parte de un estudio plurianual en el que analizamos miles de artículos de *The New York Times* para entender mejor por qué determinados artículos de internet son ampliamente compartidos.

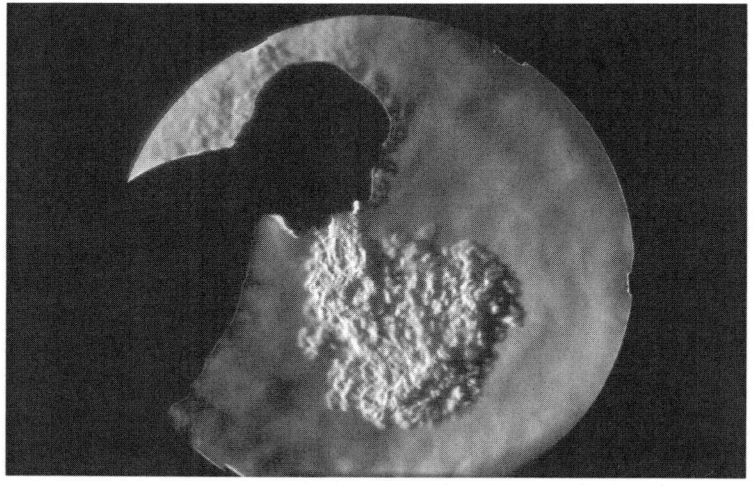

Una pista la encontramos en la foto que acompañaba al artículo de Grady. Aquel mismo mes, había estado hojeando un ejemplar de *The New England Journal of Medicine* y había descubierto un artículo titulado «Tos y aerosoles». Nada más verlo, supo que la investigación sería la base perfecta para un artículo en el *Times*.

Parte del artículo era muy técnica, con discusiones acerca de aerosoles contagiosos y mapas de velocidad. Pero, por encima de toda la jerga científica destacaba una imagen, una imagen que hizo que Grady se decidiera a escribir su artículo. En pocas palabras, fue asombroso. La razón por la cual la gente compartió el artículo de Grady fue la emoción. Si algo nos importa, lo compartimos.

Las listas de los artículos más enviados por correo electrónico y la importancia de compartir

Los humanos son animales sociales. Como hemos visto en el capítulo de la moneda social, a la gente le gusta compartir opiniones e información con los demás, y nuestra tendencia al cotilleo —para bien o para mal— determina nuestras relaciones con amigos y colegas.

Internet se ha adaptado para dar cabida a estas inclinaciones naturales. Si la gente se encuentra con una entrada de blog sobre un nuevo programa de intercambio de bicicletas o un vídeo que ayuda a los niños a resolver problemas de álgebra, puede pulsar fácilmente el botón de compartir o copiar y pegar el vínculo en un correo.

La mayoría de las principales páginas web de noticias o de entretenimiento van un paso más allá y documentan qué es lo que se ha compartido con más frecuencia, elaborando una lista de los artículos, vídeos y otros contenidos que se han visto y se han compartido más durante el último día, la última semana o el último mes.

A menudo, las personas utilizan estas listas como atajos. Hay demasiados contenidos disponibles para poder navegar por todos ellos —cientos de millones de páginas webs y blogs, miles de millones de vídeos—. Si nos ceñimos a las noticias, hay docenas de prestigiosas páginas que producen continuamente artículos periodísticos.

Muy pocos tienen tiempo de buscar los mejores contenidos. De modo que empiezan mirando lo que otros han compartido.

Por consiguiente, las listas de los contenidos más compartidos tienen la capacidad de determinar el discurso público. Si en la lista entra un artículo sobre una reforma financiera, mientras que otro sobre una reforma medioambiental apenas aparece, esa pequeña diferencia de interés puede magnificarse rápidamente. A medida que más gente ve y comparte el artículo sobre la reforma financiera, los ciudadanos pueden convencerse de que la reforma financiera merece más atención por parte del Gobierno que la reforma medioambiental, incluso en el caso de que el tema financiero sea poco importante y el medioambiental grave.

Así pues, ¿qué es lo que hace que algunos contenidos entren a formar parte de la lista de los más compartidos y otros no?

Para que algo se convierta en viral, es necesario que muchas personas compartan los mismos contenidos al mismo tiempo. Puede que te haya gustado el artículo de Denise Grady sobre la tos, y puede que lo compartas con un par de amigos. Sin embargo, para que el artículo entre en la lista de los más compartidos, mucha gente tiene que haber tomado la misma decisión que tú.

¿Es sólo casualidad? ¿O es posible que haya algún patrón sistemático siempre que se alcanza éxito viral?

Analizar sistemáticamente la lista de los más compartidos

La vida de un estudiante de posgrado en Stanford dista mucho de ser fabulosa. Mi despacho, por llamarlo así, era un cubículo de paredes altas. Estaba encajado en un desván sin ventanas de un edificio de la década de 1960, cuyo estilo arquitectónico ha sido descrito frecuentemente como «brutalista». Una estructura baja y rechoncha con muros de hormigón tan gruesos que probablemente podrían soportar el impacto de un proyectil disparado con un lanzagranadas pequeño. Sesenta personas nos apiñábamos en un espacio abarrotado, y yo compartía mi propio cubículo iluminado por la tenue luz de un fluorescente con otro estudiante.

El lado positivo era el ascensor. Se suponía que los estudiantes teníamos que trabajar a cualquier hora del día y de la noche, así que la escuela nos daba una tarjeta que nos permitía acceder durante las veinticuatro horas del día a un ascensor especial, que no sólo nos conducía a nuestros centros de trabajo sin ventanas, sino también a la biblioteca, incluso después del cierre de la misma. No era el beneficio más generoso, pero resultaba útil.

En aquel tiempo, la distribución de contenidos de internet no era tan sofisticada como hoy en día. Actualmente, las páginas web publican sus listas de los contenidos más compartidos, pero entonces algunos periódicos también publicaban estas listas en sus ediciones impresas. Cada día, *The Wall Street Journal* publicaba una lista con los cinco artículos más compartidos de las noticias del día anterior. Tras examinar un par de esas listas quedé cautivado. Parecía la perfecta fuente de datos para estudiar por qué algunas cosas se comparten más que otras.

De manera que, igual que un coleccionista de sellos colecciona sellos, empecé a coleccionar las listas de artículos más compartidos del *Journal*. Cada dos días utilizaba el ascensor especial para ir de caza. Llevaba mis fieles tijeras a la biblioteca por la noche, cogía una pila de las ediciones impresas más recientes del *Journal,* y recortaba cuidadosamente las listas de los artículos más compartidos.

Unas cuantas semanas más tarde, mi colección había crecido. Tenía un montón de recortes de listas y estaba preparado. Introduje las listas en una hoja de cálculo y empecé a buscar patrones. Un día, «Hacer frente a la zona muerta: parejas demasiado cansadas para hablar» y «Los vestidos de Disney son para niñas grandes» fueron dos de los artículos más reenviados por correo electrónico. Algunos días más tarde, «¿Está capacitado un economista para resolver el rompecabezas del autismo?» y «¿Por qué los observadores de aves llevan consigo iPods y punteros láser?» entraron en la lista.

A primera vista, esos artículos tenían pocas características en común. ¿Qué tenían que ver las parejas cansadas con los vestidos de Disney? ¿Y qué tenía que ver Disney con economistas estudiando el autismo? Las relaciones no iban a ser evidentes. Además, leer uno o dos artículos cada vez no iba a ser suficiente. Para llegar a una conclusión tenía que trabajar más rápido y más eficazmente.

Afortunadamente, mi colega Katherine Milkman me propuso un método mucho mejor. En lugar de extraer a mano la información de las ediciones impresas del periódico, ¿por qué no automatizar el proceso?

Con la ayuda de un programador informático, creamos un buscador. Como si fuera un lector incansable, el programa escudriñaba automáticamente la página de *The New York Times* cada quince minutos, grabando lo que veía. No sólo el texto y el título de cada artículo, sino también quién lo había escrito y dónde aparecía (la página principal u oculto entre una serie de vínculos). También grababa en qué sección (salud, por ejemplo) y en qué página del periódico físico aparecía (en primera plana o al final de una sección).

Al cabo de seis meses disponíamos de una enorme serie de datos, con cada artículo publicado en *The New York Times* durante aquel período. Casi siete mil artículos. Todo, desde las noticias internacionales y deportivas, hasta las de salud y tecnología, así como los que formaban parte de la lista de los más compartidos durante los mencionados seis meses. No sólo lo que una persona compartía, sino un indicador de lo que todos los lectores, independientemente de su edad, su posición económica u otros datos demográficos, compartían.

Podíamos empezar nuestro análisis.

En primer lugar, examinamos el tema general de cada artículo. Cosas como salud, deportes, educación o política. Los resultados mostraron que los artículos sobre educación tenían más probabilidades de entrar a formar parte de la lista de los más compartidos que los de deportes. Los artículos sobre salud eran más virales que los políticos.

Muy bien. Pero nos interesaba más entender qué era lo que impulsaba a compartirlos que limitarnos a describir los atributos de los contenidos compartidos. De acuerdo, los artículos sobre deportes son menos virales que los artículos sobre restaurantes. Pero ¿por qué? Es como decir que a la gente le gusta compartir fotos de gatos o hablar de paintball más que de ping-pong. En realidad, eso no nos dice demasiado de por qué sucede ni nos permite realizar predicciones más allá de los estrechos dominios de los temas gatunos o los deportes que empiezan con la letra «p».

Dos de las razones por las que la gente puede compartir cosas son que sean interesantes y útiles. Como vimos en el capítulo de la moneda social, las cosas interesantes son entretenidas y dan una imagen positiva de las personas que las comparten. De modo parecido, como trataremos en el capítulo sobre el valor práctico, compartir información útil ayuda a los demás y, al mismo tiempo, mejora la imagen de quien comparte.

Para probar estas teorías, contratamos a un pequeño ejército de ayudantes para que evaluase los artículos de *The New York Times* en función de la utilidad de la información contenida en ellos y de lo interesantes que resultasen. Artículos sobre cosas como la forma en que Google utiliza datos de búsqueda para rastrear la propagación de la gripe fueron calificados como muy interesantes, mientras que un artículo sobre un cambio en el reparto de una obra de Broadway fue calificado como menos interesante. Artículos sobre cómo controlar tu capacidad crediticia fueron calificados como útiles, mientras que la necrológica sobre un desconocido cantante de ópera fue calificada como totalmente inútil. Introdujimos esos resultados en un programa de análisis estadístico que los comparaba con las listas de los artículos más compartidos. Tal como esperábamos, ambas características influían en el hecho de compartir. Los artículos más interesantes tenían un 25 por ciento más de probabilidades de entrar a formar parte de la lista de los más compartidos. Los artículos más útiles tenían un 30 por ciento más de probabilidades de figurar en la lista. Esos resultados ayudaron a explicar por qué los artículos sobre salud y educación eran muy compartidos. Los artículos sobre estos temas son a menudo bastante útiles. Contienen información acerca de cómo vivir más tiempo y ser más felices, y consejos para dar la mejor educación a tus hijos.

Sin embargo, había un tema que cantaba como una almeja: los artículos de ciencia. En su mayoría, esos artículos no tenían tanta moneda social o valor práctico como los artículos de secciones más convencionales. Con todo, los artículos sobre ciencia, como el de Denise Grady sobre la tos, formaban parte de la lista de los más compartidos, más que los artículos sobre política, moda, o economía. ¿Por qué?

Resulta que los artículos sobre ciencia frecuentemente describen innovaciones y descubrimientos que provocan una especial emoción en los lectores. ¿Qué emoción? El sobrecogimiento.

El poder del sobrecogimiento

Imagínate que estás justo al borde del Gran Cañón. La garganta de color rojo sangre se extiende hasta donde alcanza la vista en todas direcciones. El suelo del cañón desciende precipitadamente bajo tus pies. Sientes vértigo y te apartas del borde. Los halcones vuelan entre las grietas de la roca, tan estériles y privadas de vegetación que bien podrías estar en la Luna. Estás asombrado. Te sientes muy pequeño. Te sientes extasiado. Eso es sobrecogimiento.

Según los psicólogos Dacher Keltner y Jonathan Haidt, el sobrecogimiento es un sentimiento de fascinación y asombro que se experimenta cuando alguien se ve motivado por un gran conocimiento, la belleza, algo sublime o poderoso. Es la experiencia de enfrentarse a algo más grande que tú. El sobrecogimiento amplía el marco de referencia y provoca una sensación de trascendencia. Abarca admiración e inspiración y puede ser causado por grandes obras de arte, música, revelaciones religiosas, paisajes naturales imponentes o proezas humanas de valor y audacia.

El sobrecogimiento es una emoción compleja y frecuentemente conlleva una sensación de sorpresa, desconcierto, o misterio. De hecho, como señaló el mismísimo Albert Einstein, «la emoción más bella que podemos experimentar es el misterio. El poder del verdadero arte y la verdadera ciencia. Aquel a quien esta emoción le es ajena, que no puede detenerse un instante asombrado y sobrecogido, es como si estuviera muerto».

Más que ninguna otra emoción, el sobrecogimiento es lo que describe mejor lo que sintieron muchos lectores después de leer artículos científicos de *The New York Times*. Pensemos, por ejemplo en «La tos misteriosa filmada». La foto de la tos era impresionante, como espectáculo visual y como idea: que algo tan cotidiano como la tos pueda producir esa imagen y revelar secretos capaces de resolver misterios médicos con siglos de antigüedad.

Decidimos comprobar si el sobrecogimiento impulsaba a las personas a compartir. Nuestros ayudantes en la investigación volvieron a clasificar los artículos basándose en el sobrecogimiento que provocaban. Los artículos sobre un nuevo tratamiento para el sida o sobre un portero de hockey que juega a pesar de tener cáncer de cerebro provocaban un enorme sobrecogimiento. Los artículos sobre comprar gangas en vacaciones provocaban muy poco o nada. Utilizamos análisis estadísticos para comparar los resultados con el hecho de que los artículos fuesen ampliamente compartidos. Lo que intuíamos era cierto. El sobrecogimiento estimula el hecho de compartir. Los artículos sobrecogedores tenían un 30 por ciento más de probabilidades de entrar a formar parte de la lista de los más compartidos. Los artículos que anteriormente se consideraba que no tenían mucha moneda social ni valor práctico —el artículo de Grady sobre la tos o uno que sugería que los gorilas podían, como los humanos, sentir pena ante la pérdida de seres queridos— entraron a formar parte de la lista a causa del sobrecogimiento que provocaban.

Algunos de los vídeos más virales de internet provocan sobrecogimiento. La gente se echó a reír en cuanto la señora regordeta salió al escenario. Parecía más una camarera que una vocalista. Era demasiado mayor para participar en *Britain's Got Talent.* Con cuarenta y siete años, les doblaba la edad a muchos concursantes.

Y, lo que es más importante, parecía, bueno, anticuada. El resto iban vestidos como si fueran a convertirse en la próxima sensación, con aspecto sexy, atractivamente rudo o enrollado. Con vestidos que se ajustaban al cuerpo, chalecos a medida y fulares. Sin embargo, aquella mujer parecía un ejemplo de cómo no hay que vestir, con ropa mezcla de trapos viejos y de segunda mano.

Además, estaba nerviosa. Cuando los jueces empezaron a preguntarle cosas se quedó bloqueada y no le salían las palabras. «¿Cuál es tu sueño?», le preguntaron. Cuando respondió que quería ser cantante profesional podías ver los pensamientos que les pasaban por la cabeza. ¡Esa sí que es buena! ¿Tú? ¿Cantante profesional? Las cámaras enfocaron al público riendo y poniendo los ojos en blanco. Hasta los miembros del jurado sonreían malévolamente. Estaba claro que querían que saliese del escenario lo antes posible. Todo indicaba que su actuación iba a ser desastrosa y que sería eliminada del concurso volando.

Sin embargo, cuando la cosa no podía pintar peor, empezó a cantar.

Y el tiempo se detuvo.

Fue sobrecogedor.

Cuando los primeros acordes de *I Dreamed a Dream* de *Les Misérables* sonaron por los altavoces, la exquisita voz de Susan Boyle se impuso brillando como un faro. Tan potente, tan hermosa, que hace que se te erice el pelo de la nuca. Los miembros del jurado quedaron sobrecogidos, el público empezó a gritar, y todo el mundo rompió a aplaudir como loco. A algunos espectadores se les saltaron las lágrimas. La actuación dejó a la gente sin palabras.

La primera aparición de Susan Boyle en *Britain's Got Talent* es uno de los vídeos más virales de la historia. En sólo nueve días, acumuló más de cien millones de visitas.

Resulta difícil ver el vídeo y no quedar sobrecogido por su fuerza y emotividad. No sólo es conmovedor, es sobrecogedor. Y esa emoción hizo que la gente lo compartiera.

¿Cualquier emoción fomenta que algo se comparta?

Nuestras conclusiones iniciales sobre el estudio de *The New York Times* plantearon otras preguntas. ¿Qué es lo que hace que el sobrecogimiento lleve a la gente a compartir? ¿Tendrían el mismo efecto otras emociones?

Hay razones para creer que experimentar cualquier clase de emoción puede animar a la gente a compartir. A menudo, hablar con los demás hace que las experiencias emotivas sean mejores. Si logramos un ascenso, contárselo a otros nos ayuda a celebrarlo. Si nos despiden, contárselo a otros nos ayuda a desahogarnos. Compartir las emociones también nos ayuda a relacionarnos. Supongamos que veo un vídeo realmente sobrecogedor, como el de la actuación de Susan Boyle. Si comparto ese vídeo con un amigo, es probable que él sienta lo mismo. Y el hecho de que los dos sintamos lo mismo, contribuye a que nuestra relación social sea más profunda. Hace resaltar nuestras similitudes y nos recuerda cuánto tenemos en común. Compartir emociones es, por tanto, una especie de pegamento social que mantiene y refuerza las relaciones. Aunque no estemos en el mismo lugar, el hecho de que ambos sintamos lo mismo nos une.

No obstante, los beneficios de compartir emociones no sólo vienen provocados por el sobrecogimiento. Surgen de toda clase de emociones. Si le envías a un compañero de trabajo un chiste que hace que los dos os partáis de risa, se refuerza vuestra relación. Si le envías a tu primo un artículo de opinión que los dos consideráis indignante, ello refuerza el hecho de que compartís la misma opinión.

Así que, ¿cualquier clase de contenidos emotivos tienen más probabilidades de ser compartidos?

Para responder a esto, tomamos otra emoción, la tristeza, y volvimos a sumergirnos de nuevo en los datos. Les pedimos a nuestros ayudantes en la investigación que puntuasen cada artículo basándose en la tristeza que provocaba. Los artículos que versaban sobre cosas como alguien que homenajeaba a su difunta abuela fueron calificados como causantes de gran tristeza, mientras que los que trataban de cosas como el ganador de un torneo de golf fueron calificados como poco causantes de tristeza. Si alguna emoción fomentaba ser compartida, esa —como el sobrecogimiento— debería ser la tristeza.

Pero no. De hecho, la tristeza tuvo el efecto contrario. Los artículos más tristes tenían un 16 por ciento menos de probabilidades de figurar en la lista de los más compartidos. Había algo en la tristeza que hacía que la gente fuera menos proclive a compartir. ¿El qué?

La diferencia más evidente entre emociones diversas es su agrado o positividad. El sobrecogimiento es relativamente agradable, mientras que la tristeza es desagradable. ¿Es posible que las emociones positivas favorezcan el interés por compartirlas y las negativas lo reduzcan?

Se ha especulado mucho sobre cómo las emociones positivas y negativas influyen en los temas de los que hablan las personas y qué comparten. La sabiduría popular indica que los contenidos negativos deberían ser más virales. Pensemos en el viejo adagio periodístico «la sangre vende». Esta frase se basa en la idea de que las malas noticias suscitan más atención e interés que las buenas. Es por esto por lo que las noticias de la noche empiezan con cosas como: «Una amenaza oculta para su salud acecha en el sótano de su casa. A continuación, en las noticias de las seis». Los editores y productores creen que las historias negativas contribuyen a captar y mantener la atención de los espectadores.

Dicho esto, también podría defenderse lo contrario. Al fin y al cabo, ¿la mayoría de nosotros no prefiere hacer que los demás se sientan felices o positivos en lugar de preocupados y tristes? Asimismo, como vimos en el capítulo relativo a la moneda social, que las personas compartan o no algo, a menudo depende de cómo les hace quedar ante los demás. Puede que las cosas positivas se compartan más porque se reflejan positivamente en la persona que las comparte. Después de todo, nadie quiere ser una Debbie Downer* y transmitir siempre noticias tristes y luctuosas.

Entonces, ¿qué pasa? ¿Las informaciones positivas tienen más probabilidades de ser compartidas que las negativas, o viceversa?

Volvimos a nuestra base de datos y medimos la positividad de cada artículo. En esta ocasión, utilizamos un programa de análisis textual desarrollado por el psicólogo Jamie Pennebaker. El programa cuantifica la positividad y la negatividad de un texto contando las veces que aparecen en él cientos de palabras distintas que expresan emociones. La frase, «Me encantó su tarjeta; fue muy bonito por su parte», por ejemplo, es relativamente positiva, puesto que contiene palabras positivas como «encantar» y «bonito». La frase «Fue muy desagradable por su parte; realmente hirió mis sentimientos», por el contrario, es relativamente negativa, ya que incluye palabras negativas como «herir» y «desagradable». Puntuamos cada artículo basándonos en su positividad o negatividad y, a continuación, examinamos qué influencia tenía sobre el hecho de que entrase a formar parte de la lista de los más compartidos.

La respuesta fue concluyente: los artículos positivos tenían más

* Personaje ficticio del programa *Saturday Night Live*, especializada en retransmitir malas noticias. (*N. del t.*)

probabilidades que los negativos de ser ampliamente divulgados. Las historias sobre cosas como recién llegados que se enamoraban de Nueva York tenían, como media, un 13 por ciento más de probabilidades de entrar en la lista que los artículos que exponían detalladamente cosas como la muerte de un popular guardián de un zoológico.

Creíamos entender cómo las emociones determinan la transmisión: la gente comparte cosas positivas y evita las negativas.

Sin embargo, para asegurarnos de que estábamos en lo cierto al concluir que las emociones negativas son menos compartidas, les encomendamos a nuestros ayudantes en la investigación una última tarea. Les pedimos que puntuasen cada artículo en función de otras dos importantes emociones negativas: ira y preocupación.

Artículos sobre cosas como peces gordos de Wall Street que recibían cuantiosas bonificaciones durante la crisis económica provocaban mucha ira, mientras que artículos sobre temas como camisetas veraniegas no provocaban absolutamente nada de ira. Artículos sobre cosas como la caída de la bolsa provocaban preocupación en la gente, mientras que otros sobre cosas como los nominados a los premios Emmy no causaban ninguna. Si era cierto que la gente comparte los contenidos positivos y evita compartir los negativos, la ira y la preocupación deberían, como la tristeza, compartirse menos.

Sin embargo, ese no era el caso. De hecho, sucedía lo contrario. Los artículos que provocaban ira o preocupación tenían más probabilidades de entrar en la lista de los más compartidos.

Ahora estábamos realmente desconcertados. No cabía duda de que lo que determinaba en qué medida se compartían los artículos era algo más que el hecho de que fueran positivos o negativos. Pero ¿qué?

Prender el fuego: la ciencia de la excitación fisiológica

La idea de que las emociones pueden clasificarse como positivas o agradables y negativas o desagradables lleva existiendo cientos, por no decir miles de años. Hasta un niño puede decirte que la felicidad o el entusiasmo te hacen sentir bien y que la preocupación o la tristeza te hacen sentir mal.

Recientemente, sin embargo, los psicólogos han afirmado que las emociones también podrían clasificarse basándose en una segunda dimensión, la de la activación o la excitación fisiológica.

¿Qué es la excitación fisiológica? Piensa en la última vez que diste un discurso ante un público numeroso. O cuando tu equipo estaba a punto de ganar un partido decisivo. Tenías el pulso acelerado, te sudaban las palmas de las manos y podías sentir el corazón latiéndote en el pecho. Puede que tuvieras sensaciones parecidas la última vez que viste una película de terror o fuiste de acampada y oíste un ruido extraño fuera de la tienda de campaña. Aunque tu cabeza te dijera que no estabas realmente en peligro, tu cuerpo estaba convencido de lo contrario. Tenías los sentidos en alerta, los músculos en tensión y estabas atento a cualquier ruido, olor o movimiento. Eso es excitación.

La excitación es un estado de activación y disposición para actuar. El corazón late más rápidamente y la presión arterial se eleva. Evolutivamente, procede de los cerebros de reptil de nuestros ancestros. La excitación fisiológica provoca una respuesta de lucha o huida que ayuda a los organismos a conseguir comida o huir de los depredadores. Ya no tenemos que salir a cazar para comer, ni preocuparnos por ser comidos, pero la activación que provoca la excitación sigue facilitando gran cantidad de acciones cotidianas. Cuando sentimos excitación hacemos cosas. Nos retorcemos las manos y andamos de un lado a otro. Golpeamos el aire con los puños y corremos por la sala de estar. La excitación prende el fuego que nos impulsa a actuar.

Algunas emociones, como la ira y la preocupación, provocan mucha excitación. Cuando estamos enfadados, gritamos a los trabajadores del servicio de atención al cliente. Cuando estamos preocupados comprobamos las cosas una y otra vez. Las emociones positivas también provocan excitación. Pensemos, por ejemplo, en el entusiasmo. Cuando sentimos entusiasmo queremos hacer algo más que quedarnos sentados sin hacer nada. Lo mismo sucede con el sobrecogimiento. Cuando estamos sobrecogidos, no podemos evitar querer decirle a la gente qué ha sucedido.

Otras emociones, sin embargo, provocan el efecto contrario: reprimen la acción. Por ejemplo, la tristeza. Tanto si se debe a que están pasando por una ruptura dolorosa o a que han sufrido la muerte de una mascota querida, las personas tristes tienen tendencia a apagarse. Se ponen ropa cómoda, se acurrucan en el sofá y comen helado. La satisfacción también desactiva. Cuando las personas están satisfechas se relajan. Su corazón late lentamente y disminuye su presión sanguínea. Están contentas, pero no sienten especiales ganas de hacer nada. Piensa en cómo te sientes después de una larga ducha caliente o después de un masaje relajante. Lo más probable es que te relajes y te sientes en lugar de pasar enseguida a hacer otra actividad.

	Excitación elevada	Excitación baja
Positiva	Sobrecogimiento Entusiasmo Diversión (Humor)	Satisfacción
Negativa	Ira Preocupación	Tristeza

Una vez nos dimos cuenta del importante papel que desempeña la excitación emocional, volvimos a nuestros datos. Para recapitular, hasta ese momento habíamos descubierto que el sobrecogimiento provocaba que se compartiera más y que la tristeza hacía que se compartiera menos. Sin embargo, descubrimos que no era sólo cuestión de que las emociones positivas se compartiesen más y las negativas menos, sino que algunas emociones negativas, como la ira o la preocupación, se compartían más. ¿Sería la excitación fisiológica la clave del rompecabezas?

Lo era. Comprender la excitación ayuda a integrar los diferentes resultados obtenidos hasta el momento. La ira y la preocupación hacen que la gente las comparta porque, igual que el sobrecogimiento, son emociones con un alto grado de excitación. Prenden el fuego, activan a las personas y las impulsan a actuar.

La excitación es también una de las razones por las cuales se comparten los vídeos graciosos. Vídeos sobre los efectos secundarios de un niño tras habérsele aplicado anestesia en el dentista («David después del dentista»), un niño pequeño que le muerde el dedo a su hermano («Charlie me ha mordido el dedo, ¡otra vez!»), o un unicornio que va a la Montaña de Caramelo donde le roban un riñón («Charlie el unicornio») son algunos de los más vistos en Youtube. En conjunto han recibido más de 600 millones de visitas. No obstante, aunque resulta tentador decir que se han convertido en virales simplemente porque son divertidos, ello se debe a un proceso más fundamental. Piensa en la última vez que oíste un chiste realmente divertido, o que te enviaron un vídeo gracioso y te sentiste obligado a transmitirlo. Igual que sucede con las cosas estimulantes, o con aquellas que nos hacen enfadar, los contenidos divertidos se comparten porque la diversión es una emoción con un alto grado de excitación.

Sin embargo, las emociones que causan poca excitación, como la tristeza, son menos compartidas, y la satisfacción tiene el mismo efecto. La satisfacción no es un sentimiento negativo.

Estar satisfechos hace que nos sintamos bastante bien. No obstante, las personas tienden menos a hablar de cosas que les satisfacen porque la satisfacción reduce la excitación.

United Airlines aprendió a la fuerza que la excitación puede hacer que las personas compartan. Dave Carroll era un músico bastante bueno. Su grupo, Sons of Maxwell, no era una banda de mucho éxito, pero obtenía suficiente dinero de las ventas de sus discos, de las giras y del *merchandising* para vivir decentemente. Nadie se tatuaba el nombre de Dave en el brazo, pero le iba bien.

Cuando se dirigían a dar un concierto en Nebraska, Dave y su grupo tuvieron que tomar un vuelo de conexión en Chicago con United Airlines. Ya es bastante difícil encontrar sitio en los compartimentos superiores para alguien que lleva poco equipaje, pero los músicos lo tienen todavía peor. El grupo de Dave no podía colocar sus guitarras en los compartimentos, así que las tuvieron que facturar con el resto del equipaje.

Sin embargo, cuando estaban a punto de bajar del avión en el aeropuerto O'Hare, una mujer gritó, «¡Dios mío, están tirando guitarras ahí afuera!». Dave miró por la ventanilla horrorizado, justo a tiempo para ver a los encargados de las maletas lanzando a lo bruto sus preciados instrumentos por el aire. Se levantó de un salto y pidió ayuda a la azafata, pero fue en vano. Una azafata le dijo que hablase con la asistenta de vuelo principal, pero esta le dijo que no era responsabilidad suya. Otra empleada le salió con evasivas y le aconsejó que le explicase el caso al agente de tierra cuando aterrizasen en destino.

Cuando Dave aterrizó en Omaha a las 12.30 de la noche, el aeropuerto estaba desierto. No había ningún empleado a la vista. Dave se dirigió a la cinta de recogida de equipaje y abrió cuidadosamente el estuche de su guitarra. Sus peores temores se vieron confirmados. Su guitarra de tres mil quinientos dólares estaba destrozada.

Pero ese no fue más que el principio de la historia de Dave. Se pasó los nueve meses siguientes negociando con United para obtener algún tipo de indemnización. Presentó una queja pidiéndoles que le reparasen la guitarra, pero se negaron a aceptar su petición. Entre la lista de justificaciones, alegaron que no podían ayudarle porque había vencido el breve plazo de veinticuatro horas para reclamar daños y perjuicios tal como se especificaba en la letra pequeña de su billete.

Furioso por el trato recibido, Dave canalizó sus emociones como lo habría hecho cualquier buen músico: escribió una canción. Describió su experiencia, le puso música y publicó un vídeo en YouTube titulado *United rompe guitarras*.

Al cabo de veinticuatro horas de publicar el vídeo, ya había recibido casi quinientos comentarios, la mayoría de otros usuarios que habían sufrido experiencias parecidas. En menos de cuatro días, el vídeo había recibido más de un millón trescientas mil visitas. A los diez días, más de tres millones de visitas y catorce mil comentarios. En diciembre de 2009, la revista *Time* situó *United rompe guitarras* en la lista de los diez vídeos más virales de ese año.

Al parecer, United experimentó los efectos negativos casi inmediatamente. A los cuatro días de la publicación del vídeo, el precio de sus acciones descendió un 10 por ciento, el equivalente a ciento ochenta millones de dólares. A pesar de que finalmente United donó tres mil dólares al Thelonious Monk Institute of Jazz como «signo de buena voluntad», muchos observadores de la industria tuvieron la impresión de que había sufrido un daño permanente como resultado del incidente.

Centrarse en los sentimientos

Los mensajes publicitarios suelen centrarse en la información. Los funcionarios de salud pública señalan que los adolescentes estarían mucho más sanos si no fumasen o si comiesen más verduras. La gente cree que si se limita a exponer los hechos de manera clara y concisa, hará inclinarse la balanza. El público prestará atención, valorará la información, y actuará en consecuencia.

Sin embargo, muchas veces la información no es suficiente. La mayoría de adolescentes no fuman porque creen que es bueno para ellos. Y la mayoría de personas que se zampan un Big Mac con patatas fritas grandes y lo hacen bajar con una Coca-Cola gigante no son inconscientes de los riesgos que ello comporta para su salud. De modo que disponer de más información probablemente no les haga cambiar de conducta. Necesitan algo más.

Aquí es donde entra en juego la emoción. En lugar de insistir en características o hechos, tenemos que centrarnos en los sentimientos: las emociones subyacentes que llevan a las personas a actuar.

Algunos productos o ideas pueden parecer más adecuados que otros para provocar emoción. Parece probable que la gente se emocione más por un local de moda que por la gestión logística. Del mismo modo, las mascotas y los bebés parecen despertar más atracción emocional que la banca o la estrategia financiera sin ánimo de lucro.

No obstante, cualquier producto o servicio puede centrarse en los sentimientos, incluso aquellos que carecen de un gancho emocional evidente.

Pensemos, por ejemplo, en los motores de búsqueda de internet. Aparentemente, los motores de búsqueda parecen uno de los productos menos emotivos que se pueda imaginar. La gente quiere obtener los resultados más exactos en el menor tiempo posible. Bajo esos resultados existe una maraña tecnológica muy compleja: valoración de los vínculos, indexación, y algoritmos de calificación de las páginas web. Es difícil que la gente se emocione o que se le salten las lágrimas ante un producto así, ¿verdad?

Pues bien, eso fue exactamente lo que hizo Google con su campaña *Parisian Love* («Amor parisino»).

Cuando Anthony Cafaro se graduó en la Escuela de Artes Visuales de Nueva York en 2009, no esperaba convertirse en empleado de Google. Ningún alumno de la escuela había trabajado antes para Google, y la empresa estaba considerada como un lugar para técnicos, no para diseñadores. Sin embargo, cuando Cafaro se enteró de que Google estaba entrevistando a graduados en diseño gráfico, pensó en probar suerte. La entrevista fue un desmadre. Al final, más que examinadores, los entrevistadores parecían viejos amigos. Cafaro rechazó un montón de ofertas de agencias tradicionales de colocación para entrar a formar parte de un grupo de nueva creación de diseñadores de Google llamado Creative Lab.

Al cabo de unos pocos meses, Anthony se dio cuenta de que el enfoque de Creative Lab no estaba exactamente en sintonía con los valores generales de la compañía. El buen diseño gráfico es visceral. Como el arte, emociona a la gente y le provoca sensaciones muy íntimas. En cambio, Google se centraba en análisis, no en emociones.

Resulta reveladora la historia de un diseñador que, en una ocasión, sugirió utilizar un determinado tono de azul en la barra de herramientas, basándose en que era visualmente atractivo. El director de producción se opuso, pidiéndole al diseñador que justificase su elección con una investigación cuantitativa. En Google, los colores no son simplemente colores, son decisiones matemáticas.

Cafaro tuvo los mismos problemas en uno de sus primeros proyectos. El Creative Lab recibió el encargo de crear un contenido que resaltara la funcionalidad del nuevo interfaz de búsqueda de Google. Aplicaciones como encontrar vuelos, autocorrección y traducción a otros idiomas. Una solución potencial era un pequeño tutorial sobre cómo mejorar las búsquedas; cómo aprovechar mejor las diferentes funciones. Otra era «Un Google al día», un juego en línea de preguntas y respuestas en el que era necesario utilizar aplicaciones de búsqueda para resolver difíciles rompecabezas.

A Cafaro le gustaban las dos ideas, pero sentía que faltaba algo. Emoción. Google disponía de un magnífico interfaz y resultados de búsqueda útiles, pero un interfaz no te hace reír. Un interfaz no te hace llorar. Una demo te demostraría cómo funciona el interfaz, pero nada más. Cafaro quería humanizar el interfaz. No quería limitarse a mostrar aplicaciones, sino emocionar a la gente. Construir una relación emotiva.

De modo que, con el equipo de Creative Lab, Cafaro desarrolló un vídeo titulado «Amor parisino». El vídeo narra el nacimiento de una historia de amor utilizando búsquedas de Google que evolucionan a lo largo del tiempo. No hay imágenes de personas, ni siquiera voces, simplemente muestra las frases introducidas en la barra de búsqueda y los resultados que aparecen.

Empieza con un chico que escribe «estudiar en el extranjero París Francia» y hace clic en uno de los resultados principales para saber más. Luego busca «Cafés cerca del Louvre» para encontrar uno que cree que le puede gustar. Se oye una risa femenina de fondo porque la búsqueda siguiente es «traducir *tu es très mignon*», que, como aprende enseguida, quiere decir «Eres muy mono» en francés. Rápidamente, busca consejo sobre cómo «impresionar a una chica francesa», lee el consejo y se pone a buscar tiendas de bombones en París.

La música suena más fuerte a medida que se desarrolla la trama.

Seguimos al buscador mientras pasa de buscar consejo acerca de las relaciones a distancia hasta buscar un empleo en París. Le vemos mirar la hora de aterrizaje de un avión y buscar iglesias en París (con sonido de campanas de fondo). Por último, con la música in crescendo, le vemos preguntar cómo montar una cuna. El vídeo acaba con un mensaje muy simple. «Sigue buscando.»

No puedes mirar este vídeo sin que te toque la fibra. Es romántico, alegre e inspirador a la vez. Todavía siento un cosquilleo cada vez que lo veo, y eso que lo he visto docenas de veces.

Cuando el Creative Lab presentó el vídeo al equipo de marketing de Google, a todo el mundo le encantó. A la mujer del consejero delegado de Google le encantó. Todo el mundo quería compartirlo. De hecho, el vídeo funcionó tan bien a nivel interno, que Google decidió emitirlo para el gran público. Centrándose en los sentimientos, Google convirtió un anuncio normal en un éxito viral.

No es necesario recurrir a una costosa agencia publicitaria o gastar millones de dólares para emocionar a la gente. Cafaro creó el vídeo con otros cuatro estudiantes procedentes de programas de diseño de todo el país. En lugar de limitarse a resaltar las últimas y sorprendentes aplicaciones, el equipo de Cafaro le recordó a la gente lo que le gustaba de Google. Como dijo uno de los miembros de Creative Lab, «Los mejores resultados no se muestran en un motor de búsqueda, se muestran en las vidas de la gente». Bien dicho.

En su maravilloso libro *Pegar y pegar*, Chip y Dan Heath hablan de utilizar «los tres porqués» para encontrar el núcleo emotivo de una idea. Escribe por qué crees que la gente hace algo. A continuación, pregunta «¿Por qué es importante?» tres veces. Cada vez que lo hagas, apunta tu respuesta y te darás cuenta de que profundizas cada vez más para descubrir no sólo el núcleo de una idea, sino también la emoción que se esconde tras él.

Por ejemplo, la búsqueda por internet. ¿Por qué es importante? Porque la gente quiere encontrar información rápidamente. ¿Por qué quieren encontrar información rápidamente? Para obtener respuestas a lo que están buscando. ¿Por qué quieren esas respuestas? Para poder relacionarse con gente, lograr sus objetivos, y cumplir sus sueños. Ahora la cosa empieza a ponerse más emotiva.

¿Quieres que la gente hable del calentamiento global y se movilice para cambiar la situación? No te limites a señalar lo importante que es el problema o a enumerar estadísticas clave. Piensa cómo hacer que les afecte. Habla de osos polares muriendo o cómo se verá afectada la salud de sus hijos.

Prender el fuego mediante emociones con un alto grado de excitación

Al escoger las emociones en que nos queremos centrar, tenemos que acordarnos de prender el fuego: elegir emociones que provoquen un alto grado de excitación. Por el lado positivo, hay que excitar o inspirar a la gente mostrándole cómo puede marcar la diferencia. Por el lado negativo, hay que hacer que la gente se enfurezca, no que se entristezca. Asegurémonos de que la historia del oso polar les afecte.

El simple hecho de añadir excitación a una historia o a un anuncio puede causar un gran impacto en la voluntad de la gente a la hora de compartirlo. En un experimento cambiamos los detalles de una historia para hacer que provocase más ira. En otro, hicimos que un anuncio fuera más divertido. En ambos casos, el resultado fue el mismo. Más ira o más humor hicieron que se compartiesen más. Añadir esas emociones hizo aumentar la divulgación al incrementar la excitación provocada por la historia o por el anuncio.

Las emociones negativas también pueden hacer que la gente hable y comparta más. Habitualmente, los mensajes publicitarios presentan los productos e ideas de la forma más positiva posible. Tanto si anuncian cuchillas de afeitar, como si anuncian frigoríficos, los anuncios suelen mostrar a clientes sonrientes que ensalzan las ventajas derivadas del uso del producto. Los vendedores tienden a evitar las emociones negativas por miedo a que puedan dañar a la marca.

Sin embargo, utilizadas correctamente, en realidad las emociones negativas pueden impulsar el boca a boca.

BMW prendió el fuego maravillosamente en una campaña de 2001. La empresa automovilística alemana creó una serie de cortometrajes para internet titulada *The Hire*. En lugar de tratarse de los típicos anuncios agradables en los que aparecen coches BMW circulando por idílicas carreteras rurales, los cortos estaban plagados de secuestros, redadas del FBI y experiencias cercanas a la muerte. A pesar de que el miedo y la ansiedad provocados distaban mucho de ser positivos, los vídeos excitaron tanto a los espectadores que la serie recibió más de once millones de visitas en cuatro meses. Durante ese mismo período de tiempo, las ventas de BMW aumentaron un 12 por ciento.

O pensemos también en los mensajes de salud pública. A menudo resulta difícil darle un giro positivo a las cosas cuando estás tratando de que la gente se dé cuenta de que fumar provoca cáncer de pulmón, o que la obesidad reduce la esperanza de vida más de tres años. Sin embargo, determinados tipos de llamamientos negativos deberían ser más eficaces que otros a la hora de hacer que la gente corriera la voz. Pensemos de nuevo en el anuncio del Departamento de Salud del hombre que bebe grasa del que hablamos en el capítulo de los activadores. ¿Un enorme grumo de grasa cayendo en un plato? ¡Brutal! No obstante, como el asco es una emoción con un alto grado de excitación, fomentó que la gente hablara de él y lo divulgase. Diseñar mensajes que provoquen en la gente preocupación o asco (elevada excitación) en lugar de tristeza (baja excitación) fomentará la transmisión. Utilizadas correctamente, las emociones negativas pueden ser un poderoso impulsor del debate.

Esto nos lleva al porteo de bebés.

Porteo de bebés, boicoteo y suavizar el boca a boca negativo

2008 fue un año de debuts. Fue la primera vez que China celebró unos Juegos Olímpicos, la primera vez que se eligió un presidente afroamericano en Estados Unidos, y la primera vez que se produjo otro hecho del que puede que no te hayas enterado: la primera celebración de la Semana del porteo de bebés.

La práctica de llevar a tu bebé en un portabebés o en un soporte parecido existe desde hace miles de años. Algunos expertos han llegado a afirmar que la práctica fortalece el vínculo materno-filial, mejorando la salud del bebé y de la madre. Sin embargo, con la popularización de los cochecitos y otros artilugios, muchos padres han dejado de lado esta práctica. De modo que, en 2008, se llevó a cabo una celebración para concienciar y animar a la gente de todo el mundo a que reconsiderase los beneficios de cargar con los bebés.

McNeil Consumer Healthcare, la empresa fabricante del analgésico Motrin, vio en este aumento del interés una oportunidad perfecta. El eslogan de Motrin en aquel momento era «Sentimos tu dolor». Así que, en un intento por mostrar solidaridad hacia las madres, la empresa creó un anuncio centrado en los dolores que podían sentir las madres que llevaban a sus hijos en un portabebés. El anuncio señalaba que, si bien el porteo de bebés puede ser muy bueno para el niño, puede suponer toneladas de tensión en la espalda, el cuello y los hombros de la madre.

La empresa trataba de mostrar apoyo. Quería expresar que Motrin comprendía el dolor de la madre y estaba dispuesta a ayudar. Sin embargo, un buen número de las así llamadas «mamás blogueras» veían las cosas de forma diferente. La voz de fondo de una madre en el anuncio decía que el porteo de bebés «me hace parecer totalmente una madre oficial. De manera que si parezco cansada y loca, la gente entenderá por qué».

Profundamente ofendidas por ambos frentes —por dar por sentado que llevaban a sus bebés como un artículo de moda y que parecían locas— las madres se precipitaron a sus blogs y a sus cuentas de Twitter. La ira se extendió.

Al poco tiempo, mucha gente estaba involucrada. «Un bebé nunca será un artículo de moda. ¡Esa es una idea vergonzosa!», gritaba una. Las entradas se multiplicaron. Muchas de ellas amenazaban con boicotear a la empresa. El tema se convirtió en *trending topic* en Twitter, y *The New York Times, Ad Age,* y un montón de medios de comunicación más, se hicieron eco del movimiento. Al poco tiempo, siete de cada diez búsquedas de «Motrin» y «dolor de cabeza» en Google remitían al desastre publicitario.

Al final, con demasiado retraso, Motrin retiró el anuncio de su página web y publicó una larga carta de disculpa.

Las redes sociales han hecho que la gente pueda organizarse más fácilmente en pos de un interés u objetivo común. Al permitir que la gente se relacione de manera rápida y sencilla, las redes sociales hacen posible que los individuos con ideas afines se encuentren, compartan información y coordinen planes de actuación. Estas tecnologías son esencialmente útiles cuando las personas viven a mucha distancia unas de otras, o bien tratan un tema que presenta connotaciones políticas o sociales delicadas. Mucha gente apunta a las redes sociales como las catalizadoras de la Primavera Árabe, la oleada de protestas antigubernamentales que estallaron en el mundo árabe y llegaron a derrocar los Gobiernos de Túnez y Egipto, entre otros.

Algunos de esos pujantes movimientos sociales son positivos. Permiten que los ciudadanos se alcen contra las dictaduras o ayudan a los adolescentes a hacer frente al acoso y a que se den cuenta de que su vida puede mejorar.

Sin embargo, en otros casos, los comentarios y los movimientos son negativos por naturaleza. Los rumores falsos pueden empezar a cobrar credibilidad. Los chismorreos maliciosos pueden propagarse y crecer. ¿Es posible predecir qué brotes serán simples comentarios aislados y cuáles crecerán como una bola de nieve?

Parte de la respuesta está de nuevo en la excitación fisiológica. Determinados tipos de negatividad pueden tener más probabilidades de intensificarse porque provocan excitación y tienen, por tanto, más probabilidades de convertirse en virales. Diatribas indignadas sobre un mal servicio al cliente, o preocupantes rumores acerca de un nuevo plan de salud que puede suprimir prestaciones, deberían circular más que expresiones de tristeza o decepción.

Por consiguiente, los profesores y directores deberían mostrarse especialmente precavidos ante rumores hirientes que conllevan un componente de excitación porque tienen más probabilidades de propagarse. En esa misma línea, Motrin podría haber puesto fin al boicot antes de que empezara si hubiera controlado la cháchara de internet. Si hubieran buscado palabras como «cabreado», «enfadado», o «furioso» en las entradas de blog, en los tuits o en las actualizaciones de estado de las personas, podrían haber hecho frente a los clientes insatisfechos antes de que aumentase la indignación. Si se controlan a tiempo esas emociones que conllevan un alto grado de excitación, puede mitigarse la negatividad antes de que se desborde.

El ejercicio hace que la gente comparta

Nuestra odisea emocional tiene una última parada.

En Wharton tenemos un laboratorio conductual en el que se paga a gente para realizar varios experimentos psicológicos y publicitarios. Su tarea consiste habitualmente en marcar casillas en investigaciones de internet o en señalar opciones con un círculo en una hoja de papel.

Sin embargo, cuando un grupo de personas participó en uno de mis experimentos en noviembre de hace algunos años, las instrucciones fueron un tanto inusuales. Se pidió a la mitad de los participantes que permanecieran sentados tranquilamente en su silla durante sesenta segundos. Bastante fácil.

A la otra mitad, en cambio, se les pidió que corriesen un poco durante un minuto. Independientemente de que llevasen zapatillas deportivas o zapatos, vaqueros o pantalones de vestir, se les pidió que correteasen durante sesenta segundos en medio del laboratorio.

Vale. De acuerdo. Supongo. Algunos participantes nos miraron desconcertados cuando les dimos las instrucciones, pero todos las cumplieron.

Al finalizar, participaron en lo que parecía otro experimento sin relación alguna. Se les dijo que a los investigadores les interesaba saber qué era lo que la gente compartía y se les entregó un artículo reciente del periódico de la escuela. A continuación, tras leerlo, se les dio la opción de enviarlo por correo electrónico a quien quisieran.

En realidad, este «estudio independiente» formaba parte de mi experimento inicial. Quería comprobar una hipótesis sencilla pero fascinante. Llegados a este punto, sabíamos que los contenidos o experiencias emotivamente excitantes tenían más probabilidades de ser compartidos. Sin embargo, me preguntaba si los efectos de la excitación podrían ir más allá. Si la excitación favorece que compartamos más, ¿sería posible que cualquier experiencia excitante desde el punto de vista fisiológico impulsase a la gente a compartir historias e información con los demás?

Correr sin moverse del sitio era la prueba perfecta. Correr no provoca emoción, pero es fisiológicamente excitante. Eleva el ritmo cardíaco, aumenta la tensión arterial, etc. De manera que, si cualquier tipo de excitación nos lleva a compartir más, correr sin moverse del sitio debería hacer que los sujetos compartiesen cosas con los demás, aun cuando las cosas de las que hablasen o compartiesen no tuvieran nada que ver con el motivo por el cual experimentan excitación.

Y así fue. Entre los estudiantes a los que se les pidió que corriesen, el 75 por ciento compartió el artículo —más del doble de los del grupo «relajado»—. Por tanto, cualquier clase de excitación, tanto si tiene origen emocional como físico, e incluso debido a la propia situación (más que al contenido) puede favorecer la transmisión.

Entender que las situaciones excitantes pueden impulsar a las personas a transmitir cosas contribuye a arrojar luz sobre el denominado «exceso de transmisión», cuando las personas revelan más de lo que deberían. ¿Alguna vez has estado sentado en un avión al lado de alguien que no para de explicarte lo que parecen detalles extremadamente personales de su vida? ¿O no has mantenido alguna conversación para posteriormente darte cuenta de que has compartido muchas más cosas de las que pretendías? ¿Por qué sucede esto?

Está claro, puede que nos sintamos más cómodos con alguien de lo que esperábamos, o puede que nos hayamos tomado demasiados margaritas. Pero hay una tercera razón. Si los factores situacionales acaban por excitarnos fisiológicamente, es posible que acabemos compartiendo más de lo que esperábamos.

Así que la próxima vez que te salgas de la rutina, te salves por los pelos de un accidente o hagas un viaje en avión en el que haya muchas turbulencias, ten cuidado. Al estar excitado por esas experiencias es posible que compartas demasiadas cosas.

Estas ideas sugieren, además, que una forma de generar boca a boca es encontrar a personas que ya estén encendidas. Concursos emocionantes como *¡Allá tú!* o series de televisión sobre crímenes como *CSI* tienen más probabilidades de provocar excitación en los espectadores que los documentales sobre personajes históricos. Obviamente, ese tipo de programas hace que se hable de ellos, pero el aumento del ritmo cardíaco que provocan puede ir más allá y hacer que la gente hable más de los anuncios que se emiten durante las pausas publicitarias. Los anuncios en el gimnasio provocan que se hable de ellos por el simple hecho de que la gente ya está muy animada. Los grupos de trabajo pueden beneficiarse del hecho de dar paseos juntos, porque ello fomenta que sus miembros compartan sus ideas y opiniones.

La misma idea es válida para los contenidos de internet. Determinadas páginas web, artículos o vídeos de YouTube provocan más excitación que otros. Los blogs sobre mercados financieros, los artículos sobre amiguismo en política, y los vídeos graciosos, son proclives a fomentar la activación, lo cual, a su vez, debería incrementar la divulgación de anuncios u otros contenidos que aparecen en esas páginas.

El factor temporal también es importante. A pesar de que un programa sea, en general, excitante, una secuencia concreta puede ser más activadora que el resto. En las series sobre crímenes, por ejemplo, la ansiedad alcanza su punto álgido hacia la mitad de la emisión. Cuando, al final, se resuelve el crimen, toda la tensión se disipa. En los concursos, la emoción —y, por tanto, la excitación— llega al máximo cuando los concursantes están a punto de descubrir cuánto han ganado. Es probable que acabemos hablando más de los anuncios emitidos más cerca de esos momentos excitantes.

Las emociones impulsan a la gente a actuar. Nos hacen reír, gritar y llorar, y nos hacen hablar, compartir y comprar. De manera que, en lugar de citar estadísticas o proporcionar información, tenemos que centrarnos en los sentimientos. Como señaló Anthony Cafaro, el diseñador que contribuyó a realizar el vídeo «Amor parisino» de Google:

Tanto si se trata de un producto digital, como Google, o de un producto físico, como unas zapatillas deportivas, hay que hacer cosas que emocionen a la gente. La gente no quiere sentir que se le dice algo; quiere divertirse, quiere emocionarse.

Algunas emociones prenden el fuego más que otras. Como hemos visto, activar las emociones es la clave para su transmisión. La excitación fisiológica o activación hace que la gente hable y comparta. Tenemos que conseguir que la gente se emocione o ría. Tenemos que hacer que se enfade, no que se entristezca. Las situaciones en que las personas están activas pueden hacer que sean más propensas a compartir con los demás.

La dinámica de fluidos y las búsquedas por internet parecen dos de los temas menos emocionantes que pueda haber. Sin embargo, relacionando esos temas abstractos con las vidas de la gente y extrayendo la emoción que subyace, Denise Grady y Anthony Cafaro hicieron que nos importasen y que los compartiéramos.

Capítulo 4
Publicidad

Ken Segall era la mano derecha de Steve Jobs. Durante doce años, Ken trabajó como director creativo de la agencia publicitaria de Jobs. Se hizo cargo de la cuenta de Apple a principios de la década de 1980. Cuando Jobs fue despedido y creó NeXT Computer, Ken entró a formar parte del proyecto. En 1997, cuando Jobs regresó a Apple, Ken volvió con él. Trabajó en la campaña *Think Differemt* («Piensa diferente»), participó en el equipo que desarrolló el anuncio de «Los locos», y dio origen al fanatismo hacia la marca al denominar al ordenador protuberante e integrado con forma de huevo iMac.

Durante aquellos años, el equipo de Ken se reunía con Jobs cada dos semanas. Era una especie de reunión informativa. El equipo de Ken informaba de todo aquello en lo que estaba trabajando desde el punto de vista de la publicidad: ideas prometedoras, nuevos contenidos, y diseños potenciales. Jobs hacía lo mismo. Ponía al corriente al equipo de Ken de lo que Apple estaba haciendo, qué productos vendían, y si había algún proyecto para el que necesitarían una campaña.

Una semana, Jobs le planteó un acertijo al equipo de Ken. Estaba obsesionado con lograr la mejor experiencia posible para el usuario. Siempre ponía al cliente en primer lugar. Los clientes apoquinaban todo aquel dinero; había que tratarlos bien. Así que Apple aplicaba ese mantra a todos los aspectos del diseño de producción; desde abrir la caja hasta llamar al servicio técnico. ¿Alguna vez te has dado cuenta de lo que se tarda en abrir la caja de tu nuevo iPhone? Ello se debe a que Apple ha trabajado duramente para diseñar esa experiencia y crear la perfecta sensación de lujo y trascendencia.

El acertijo hacía referencia al diseño del nuevo PowerBook G4. El ordenador portátil iba a ser la nueva sensación de la tecnología y el diseño. Su estructura de titanio era revolucionaria, más resistente que el acero, pero más ligera que el aluminio. Con dos centímetros y medio de grosor, sería el portátil más delgado jamás construido.

Pero a Jobs no le preocupaba la resistencia o la ligereza del portátil. Le preocupaba la dirección del logo.

En la parte superior de los PowerBook había habido siempre una manzana mordida. Obsesionado por centrarse en el usuario, Jobs quería que el dueño del portátil viese el logo en la posición correcta. Se trataba de algo especialmente importante dada la frecuencia con la que se abren y se cierran los ordenadores. La gente mete los portátiles en sus bolsas para luego sacarlos y empezar a usarlos. Cuando sacas el portátil es difícil saber qué lado queda arriba. ¿En qué lado está el cierre que debe estar frente a ti cuando pones el portátil sobre un escritorio o una mesa? Jobs quería que esa experiencia fuese lo más fluida posible, así que utilizó el logo como brújula. Se situaba de cara al usuario cuando el ordenador estaba cerrado, de manera que aquél podía orientarlo fácilmente.

Sin embargo, el problema surgía una vez la persona abría el portátil. Cuando el usuario había encontrado un sitio en la cafetería y se había sentado con su *macchiato*, abría el ordenador para ponerse a trabajar. Y en cuanto lo abría, el logo se daba la vuelta. Para todos los que estaban a su alrededor, el logo estaba boca abajo.

Jobs creía firmemente en el poder de la marca, por lo que ver todos aquellos logos invertidos no le producía una sensación muy agradable. Le preocupaba incluso que aquello perjudicase a Apple.

De modo que Jobs le hizo una pregunta al equipo de Ken. ¿Qué era más importante, que el logo estuviese en posición correcta para el usuario antes de abrir el PowerBook, o que estuviese en la posición correcta para el resto del mundo cuando lo estuviera utilizando?

Como podrás ver la próxima vez que eches una ojeada a un portátil Apple, Ken y Jobs dejaron de lado sus antiguas convicciones y le dieron la vuelta al logo. ¿El motivo? La observabilidad. Jobs se dio cuenta de que es más probable que la gente haga algo si se lo ve hacer a otros.

Sin embargo, aquí la palabra clave es «ver». Si es difícil ver qué hacen los demás, resulta difícil imitarles. Hacer que algo sea más observable hace que sea más fácil de imitar. Por consiguiente, un factor clave para hacer que los productos triunfen es la visibilidad pública. Si algo está hecho para que se vea, crecerá.

La psicología de la imitación

Imagínate que te encuentras en una ciudad desconocida. Estás en un viaje de negocios o de vacaciones con un amigo y, cuando por fin aterrizas, te registras en el hotel y te das una ducha rápida. Estás hambriento. Es hora de cenar.

Quieres ir a un sitio que esté bien, pero no conoces la ciudad lo suficiente. El conserje está ocupado y no quieres pasar demasiado tiempo leyendo críticas en internet, así que decides ir a algún sitio que esté cerca. Sin embargo, en cuanto pones los pies en la bulliciosa calle te asaltan multitud de opciones. Un bonito tailandés con un toldo color púrpura, un bar de tapas que parece estar de moda, un bistrot italiano... ¿Cómo elegir?

Si eres como la mayoría de personas, seguramente seguirás la eterna regla general: buscar un restaurante lleno de gente. Si hay mucha gente comiendo allí, probablemente sea bueno. Si el sitio está vacío, probablemente deberías pasar de largo.

Este es sólo un ejemplo de un fenómeno mucho más amplio. Las personas a menudo imitan a quienes están a su alrededor. Se visten igual que sus amigos, eligen los platos que prefieren otros comensales, y reutilizan las toallas de los hoteles más veces cuando creen que otros hacen lo mismo. Es más probable que las personas voten si sus parejas lo hacen, que dejen de fumar si sus amigos lo dejan, y que engorden si sus amigos son obesos. Tanto si se trata de hacer elecciones triviales, como qué marca de café elegir, o de decisiones importantes como pagar los impuestos, la gente tiende a ajustarse a lo que hacen los demás. Los programas de televisión utilizan risas enlatadas por este motivo: es más probable que la gente ría si oye reír a otros.

Las personas imitan, en parte, porque las elecciones de los demás les proporcionan información. Muchas de las decisiones que tomamos a diario son como escoger un restaurante en una ciudad extranjera, si bien con algo más de información. ¿Cuál es el tenedor para la ensalada? ¿Qué libro es bueno para llevármelo de vacaciones? No conocemos la respuesta correcta, e incluso aunque tengamos alguna idea de qué hacer, no estamos seguros del todo.

De manera que, para superar nuestra incertidumbre, a menudo miramos lo que hacen otras personas y las seguimos. Damos por sentado que si otros están haciendo algo, debe de ser una buena idea. Probablemente saben algo que nosotros no sabemos. Si nuestros compañeros de mesa parecen usar el tenedor pequeño para pinchar la rúcula, nosotros hacemos lo mismo. Si aparentemente mucha gente está leyendo la nueva novela de John Grisham, la compramos para llevárnosla a nuestras vacaciones en Barbados.

Los psicólogos denominan a esta idea «prueba social». Es por esto por lo que los bármanes y los camareros echan en el bote de las propinas unas cuantas monedas al principio de su turno, un puñado de monedas y tal vez algún billete pequeño. Si el bote está vacío, los clientes pueden pensar que nadie está dejando propina y decidir no hacerlo ellos tampoco. No obstante, si el bote está rebosante de dinero, asumen que todo el mundo está dejando propina y que ellos deberían hacer lo mismo.

La prueba social influye incluso en temas de vida o muerte. Imagínate que uno de tus riñones falla. Tu cuerpo depende de ese órgano para filtrar las toxinas y desechos de la sangre, pero si no funciona, todo tu cuerpo sufre. El sodio aumenta, los huesos se debilitan, y corres el riesgo de desarrollar una anemia o una enfermedad cardíaca. Si no te tratan rápidamente, morirás.

Más de cuarenta mil personas en Estados Unidos sufren cada año enfermedades renales casi terminales. Sus riñones no funcionan por una u otra razón y tienen dos opciones: seguir un tratamiento de diálisis tres veces por semana y cinco horas al día o someterse a un trasplante de riñón. Actualmente, más de cien mil pacientes están en lista de espera; y más de cuatro mil se incorporan a la lista cada mes. No es de extrañar que la gente que está en la lista de espera esté ansiosa por conseguir un riñón.

Imagínate que estás en esa lista. Se gestiona por orden de inscripción, y los riñones disponibles son ofrecidos en primer lugar a las personas que están en los primeros puestos, que suelen ser los que llevan más tiempo esperando. Tú llevas meses esperando un riñón compatible. Estás bastante abajo en la lista, pero, por fin, un día se te ofrece un riñón potencialmente compatible. Lo aceptas, ¿verdad?

Obviamente, las personas que necesitan un riñón para salvar su vida deberían aceptarlo cuando se les ofrece. Sin embargo, sorprendentemente, el 97,1 por ciento de los riñones que se ofrecen son rechazados. Muchos de esos rechazos se basan en que el riñón no es totalmente compatible. En este sentido, someterse a un trasplante de un órgano es en cierto modo como que te arreglen el coche. No se puede poner un carburador Honda en un BMW. Con un riñón sucede lo mismo. Si el tipo de sangre o de tejido no es compatible con el tuyo, el órgano no funcionará.

No obstante, cuando la profesora del MIT Juanjuan Zhang examinó miles de donaciones de riñones, descubrió que la prueba social también impulsa a la gente a rechazar riñones compatibles. Pongamos que eres la persona que ocupa el número cien en la lista. Un riñón se le tendría que haber ofrecido en primer lugar al primero, luego al segundo, y así sucesivamente. De manera que, para que te haya llegado a ti tiene que haber sido rechazado por noventa y nueve personas. Aquí es donde entra en juego la prueba social. Si tanta gente ha rechazado ese riñón, las personas presuponen que no debe de ser demasiado bueno. Deducen que es de mala calidad y es más probable que lo rechacen. De hecho, esa clase de presuposiciones hace que una de cada diez personas que rechazan un riñón lo haga equivocadamente. Miles de pacientes rechazan riñones que deberían haber aceptado. A pesar de que las personas no pueden comunicarse directamente con las otras de la lista, toman sus decisiones basándose en la conducta de los demás.

Fenómenos parecidos tienen lugar constantemente.

En Nueva York, Halal Chicken and Gyro ofrece deliciosos platos de pollo y cordero, arroz ligeramente especiado y pan de pita. La revista *New York* lo clasificó como uno de los veinte mejores puestos de comida de la ciudad, y la gente hace una hora de cola para conseguir uno de sus deliciosos y económicos platos. A determinadas horas del día, la cola da la vuelta a la manzana.

Ya sé lo que estás pensando. La gente tiene que esperar tanto porque la comida es realmente buena, y en parte tienes razón: la comida está bastante bien.

Sin embargo, los mismos dueños tienen un puesto de comida prácticamente idéntico llamado Halal Guys justo enfrente. La misma comida, el mismo envoltorio, básicamente un producto idéntico. Pero allí no hay ninguna cola. De hecho, Halal Guys nunca ha conseguido el mismo número de seguidores que su hermana. ¿Por qué?

Prueba social. La gente da por sentado que cuanto más larga sea la cola, mejor debe de ser la comida.

Esta mentalidad gregaria afecta incluso al tipo de carreras que elige la gente. Cada año les pido a mis alumnos de segundo curso de MBA que hagan un breve ejercicio. A la mitad de los estudiantes se les pregunta qué pensaban que harían con su vida cuando empezaron sus estudios. A la otra mitad se les pregunta qué quieren hacer ahora. Ningún grupo sabe qué se le ha preguntado al otro y las respuestas son anónimas.

Los resultados son sorprendentes. Antes de empezar a cursar el programa del MBA, los estudiantes tienen una amplia gama de ambiciones. Uno quería reformar el sistema de asistencia sanitaria, otro quería construir una nueva página web sobre viajes, y un tercero quería entrar en la industria del espectáculo. Uno quería obtener un cargo público y otro pensaba convertirse en empresario. Unos cuantos dijeron que querían dedicarse a las inversiones o a la consultoría bancaria. En general, todos tienen una serie de intereses, objetivos y aspiraciones profesionales diferentes.

Las respuestas de los estudiantes a la pregunta de qué querían hacer cuando ya llevaban un año en el programa son mucho más homogéneas y concentradas. Más de dos terceras partes dicen que quieren dedicarse a las inversiones o a la consultoría bancaria, con algunas excepciones que quieren seguir otras carreras profesionales.

La convergencia es destacable. No cabe duda de que la gente puede descubrir nuevas oportunidades durante el MBA, pero parte de esta actitud gregaria se debe a la influencia social. Las personas no saben con seguridad qué carrera elegir, así que se fijan en los demás. Y la decisión crece como una bola de nieve. Aunque es posible que menos del 20 por ciento estuvieran interesados en las inversiones y la consultoría bancaria del programa del MBA, la cifra es mayor que en cualquier otra carrera. Así que, gracias a la influencia social, esta pequeña ventaja inicial se magnifica. La interacción hizo que los estudiantes que originariamente preferían tomar otro camino fuesen en la misma dirección.

La influencia social tiene un efecto muy importante sobre el conocimiento, pero para entender cómo utilizarla para que los productos y las ideas triunfen, tenemos que entender cuándo son más fuertes sus efectos. Esto nos lleva a Koreen Johannessen.

El poder de la observabilidad

Koreen Johannessen entró en la Universidad de Arizona como trabajadora social clínica. Originariamente fue contratada por el departamento de salud mental para ayudar a estudiantes con problemas como depresión y abuso de drogas. Sin embargo, tras varios años tratando a estudiantes, Johannessen se dio cuenta de que estaba trabajando con un enfoque erróneo. Sí, claro, podía intentar resolver los problemas que afectaban a los estudiantes, pero sería mucho mejor prevenirlos antes de que apareciesen. De modo que Johannessen entró a formar parte del servicio de salud del campus y se hizo cargo de la educación sanitaria, llegando a convertirse en directora de las campañas sanitarias y de los servicios de prevención de la salud.

Como sucede en la mayoría de universidades de Estados Unidos, uno de los principales problemas en Arizona era el abuso del alcohol. Más de tres cuartas partes de los estudiantes universitarios estadounidenses menores de edad reconocen beber alcohol. Sin embargo, lo más preocupante era la cantidad de alcohol consumida. El 44 por ciento de los estudiantes bebe compulsivamente, y más de mil ochocientos estudiantes universitarios de Estados Unidos mueren cada año a causa de lesiones provocadas por el alcohol. Otros seiscientos mil sufren lesiones bajo la influencia del alcohol. Se trata de un problema de enormes dimensiones.

Johannessen afrontó el problema sin tapujos. Empapeló el campus con folletos en los que se detallaban las consecuencias negativas del alcohol. Puso anuncios en el periódico de la universidad en los que se informaba de cómo el alcohol afecta al funcionamiento y al rendimiento cognitivo en los estudios. Llegó incluso a poner un ataúd en el centro de estudiantes en el que aparecían las estadísticas de muertes relacionadas con el alcohol. Sin embargo, ninguna de estas iniciativas pareció hacer demasiada mella en el problema. Limitarse a explicar a los estudiantes los riesgos que comportaba el consumo de alcohol no parecía ser suficiente.

De modo que Johannessen probó a preguntarles cuál era su opinión al respecto. Descubrió que la mayoría de ellos no se sentían cómodos ante los hábitos de consumo de sus compañeros. Desde luego, les gustaba tomarse una copa de vez en cuando, como a la mayoría de personas adultas, pero no estaban de acuerdo con el consumo compulsivo de alcohol que veían en otros estudiantes. Describían como algo desagradable las veces que habían tenido que ayudar a un compañero de habitación con resaca o sujetarle el pelo a una compañera mientras vomitaba en el lavabo. O sea, que aunque a sus compañeros les parecía bien la cultura del alcohol, a ellos no.

Johannessen estaba encantada. El hecho de que la mayoría de estudiantes estuviera en contra del consumo compulsivo de alcohol parecía presagiar que el problema se podría solucionar, hasta que lo pensó más detenidamente.

Si la mayoría de estudiantes no se sentían cómodos con la cultura del alcohol, ¿qué estaba sucediendo? ¿Por qué bebían tanto si en realidad no les gustaba?

Porque la conducta es pública y los pensamientos son privados.

Ponte en el lugar de un estudiante universitario. Cuando miras a tu alrededor ves a mucha gente bebiendo. Ves botellones en los coches aparcados durante los partidos de fútbol, fiestas desmadradas en las fraternidades masculinas y bares en las femeninas. Ves a tus compañeros beber aparentemente felices, así que asumes que tú eres el bicho raro y que a todo el mundo le gusta beber más que a ti. De manera que te tomas otra copa.

Sin embargo, de lo que los estudiantes no se dan cuenta es que todo el mundo está pensando de manera parecida. Sus compañeros están viviendo la misma experiencia. Ven beber a otros, así que ellos beben también. Y el ciclo continúa porque no pueden leer la mente del resto. Si pudieran, se darían cuenta de que todos piensan lo mismo, y no sentirían que la prueba social les obliga a beber tanto.

Por poner un ejemplo más cercano, piensa en la última vez que asististe a una abrumadora presentación en PowerPoint. Algo sobre diversificación de capitales o reorganización de cadenas de suministros. Al final de la conferencia, el ponente probablemente habrá preguntado al público si alguien tiene alguna duda. ¿La respuesta? Silencio. Pero no porque todos hayan entendido la presentación. Probablemente estén todos tan desconcertados como tú. Sin embargo, aunque les hubiera gustado levantar la mano, no lo hacen, porque les preocupa ser la única persona que no lo ha entendido. ¿Por qué? Porque nadie pregunta. Nadie ha visto ninguna señal que indique que el resto están confundidos, así que todo el mundo se queda sus dudas para sí. Porque la conducta es pública y los pensamientos son privados.

La famosa frase «¿Dónde va Vicente? Donde va la gente» plasma algo más que la simple tendencia humana a la imitación. Las personas sólo pueden imitar cuando pueden ver qué hacen los demás. Puede que los estudiantes universitarios estén en contra del consumo compulsivo de alcohol, pero beben compulsivamente porque es lo que ven hacer a los otros. Puede que un restaurante sea extremadamente famoso, pero si es difícil ver el interior (por ejemplo, a través de la ventana que da a la calle), no hay forma de que un transeúnte pueda utilizar esa información para determinar su elección.

La observabilidad influye enormemente en que los productos o ideas tengan éxito o no. Supongamos que una empresa de ropa presenta un nuevo modelo de camisa. Si ves que alguien la lleva y decides que te gusta, puedes ir a comprar la misma camisa o una parecida. Sin embargo, esto es mucho menos probable que suceda si se trata de calcetines. ¿Por qué? Porque las camisas son públicas y los calcetines son privados. Cuestan más de ver. Lo mismo sucede con los dentífricos y los coches. Probablemente no sepas qué marca de dentífrico utilizan tus vecinos, pero es probable que sepas qué coche tienen. Como las preferencias en cuanto a coches son más fáciles de apreciar, es mucho más probable que la elección de tus vecinos influya en la tuya.

Con mis colegas Blake McShane y Eric Bradlow, comprobamos esta idea utilizando datos sobre millón y medio de ventas de coches. ¿Sería posible que el hecho de que tu vecino se comprase un coche nuevo fuese suficiente para que tú hicieras lo mismo? Sin duda; vimos que influía extraordinariamente. Las personas que vivían, por ejemplo, en Denver, tenían más probabilidades de comprarse un coche nuevo si otros habitantes de Denver se habían comprado coches recientemente. La influencia era bastante importante. Aproximadamente, una de cada ocho ventas de coches se debía a la influencia social.

Más impresionante aún fue el papel que desempeñaba la observabilidad en dicha influencia. La facilidad a la hora de ver qué coches conducen los demás varía dependiendo de la ciudad. Las personas de Los Ángeles acostumbran a ir al trabajo en coche, de manera que es más fácil ver qué coche tienen que en Nueva York, donde la gente se desplaza al trabajo en metro. En localidades soleadas como Miami, es más fácil ver qué coche conduce la persona que está a tu lado que en ciudades lluviosas como Seattle. Al influir en la observabilidad, dichas condiciones determinan también la influencia social en las compras de coches. Las compras de los demás tenían más influencia en lugares como Los Ángeles y Miami, donde es más fácil ver qué coche lleva la gente. La influencia social era más fuerte donde la conducta era más fácil de observar.

Asimismo, es más probable que se hable de las cosas observables. ¿Alguna vez has entrado en el despacho o en la casa de alguien y te has interesado por un curioso pisapapeles de su escritorio o por un vistoso cuadro de la pared de su sala de estar? Imagínate que esos artículos estuvieran encerrados en una caja fuerte, o guardados en el sótano. ¿Se hablaría de ellos? Probablemente no. La visibilidad pública fomenta el boca a boca. Cuanto más visible sea algo, más hablará de ello la gente.

La observabilidad también espolea las compras y la acción. Como vimos en el capítulo de los activadores, los impulsos en el entorno no sólo fomentan el boca a boca, sino que también le recuerdan a la gente cosas que ya querían comprar o hacer. Puede que pretendieras comer de manera más saludable o visitar la nueva página web que te recomendó un amigo, pero sin un activador visible que te dé un toque en la memoria, es probable que lo olvides. Cuanto más público sea un producto o servicio, más hará que la gente pase a la acción.

Así que, ¿cómo se puede hacer que los productos y las ideas sean más observables públicamente?

Convertir lo privado en público… con bigotes

Cada otoño doy clase a unos sesenta estudiantes de MBA en la Wharton School, y a finales de octubre tengo una ligera idea de cómo son los alumnos de mi clase. Sé quién va a llegar cinco minutos tarde cada día, quién va a ser el primero en levantar la mano, y quién va vestida como una prima donna.

Por esto, hace algunos años me quedé un tanto sorprendido al entrar en clase a principios de noviembre y ver a un chico al que consideraba bastante acartonado luciendo un gran bigote. No se trataba simplemente de que hubiera olvidado afeitarse; era un gran bigote cuyas puntas casi se rizaban hacia arriba. Parecía una mezcla de Rollie Fingers y el villano de una película en blanco y negro.

Al principio pensé que estaba experimentando con su vello facial. Sin embargo, cuando miré alrededor del aula, descubrí a otros dos nuevos afectos al bigote. Al parecer se estaba imponiendo una nueva tendencia. ¿Qué había provocado aquella repentina aparición de bigotes?

Cada año, el cáncer de próstata se cobra la vida de más de cuatro millones doscientos mil hombres en todo el mundo. Más de seis millones de nuevos casos son diagnosticados cada año. Gracias a donaciones generosas se han logrado grandes avances en la investigación y el tratamiento de la enfermedad. Pero ¿cómo pueden aprovechar la influencia social para incrementar las donaciones las organizaciones que trabajan para combatirla?

Desgraciadamente, como sucede con muchas causas, normalmente el apoyo a una fundación concreta de lucha contra el cáncer es un asunto privado. Si eres como la mayoría de la gente, probablemente no sepas cuáles de tus vecinos, compañeros de trabajo, o incluso amigos, han donado para contribuir a luchar contra la enfermedad. De manera que no hay forma de que su conducta influya en la tuya o viceversa.

Aquí es donde entran en juego los bigotes.

Todo empezó una tarde de domingo en 2004; un grupo de amigos de Melbourne, Australia, estaban sentados bebiendo cerveza. La conversación pasó de un tema a otro y finalmente acabaron hablando de la moda de las décadas de 1970 y 1980. «¿Qué fue de los bigotes?», preguntó un chico. Unas cuantas cervezas más y se plantearon un reto: quién de ellos podía dejarse el mejor bigote. Se corrió la voz entre el resto de sus amigos y, al final, se formó un grupo de treinta chicos. Todos ellos se dejaron crecer el bigote durante los treinta días de noviembre.

El noviembre siguiente volvieron a hacer lo mismo, pero en esta ocasión decidieron dedicar sus esfuerzos a una causa. Inspirados por el trabajo realizado para concienciar a las mujeres sobre el cáncer de mama, pensaron hacer algo parecido en favor de la salud masculina. Así que formaron la Movember Foundation y adoptaron el lema «Cambiando la cara de la salud masculina». Aquel año, cuatrocientos cincuenta chicos recaudaron cincuenta y cuatro mil dólares para la Prostate Cancer Foundation de Australia.

A partir de ahí, la cosa fue en aumento. Al año siguiente hubo más de nueve mil participantes. Al siguiente, más de cincuenta mil. Al cabo de poco tiempo, el acontecimiento anual empezó a extenderse por todo el mundo. En 2007, los eventos tuvieron lugar desde Irlanda a Dinamarca y desde Sudáfrica a Taiwán. Desde entonces, la organización ha recaudado más de ciento setenta y cuatro millones de dólares en todo el mundo. No está mal para tratarse de un poco de pelo en la cara.

Actualmente, cada noviembre, los hombres se comprometen a conseguir concienciación y fondos contra el cáncer de próstata dejándose bigote. Las normas son sencillas. Empezar el mes con la cara afeitada y dejarse y arreglarse el bigote durante el resto del mes. Oh, y de paso, comportarse como un auténtico caballero.

La Movember Foundation tuvo éxito porque supo cómo convertir lo privado en público. Descubrieron cómo conseguir apoyo para una causa abstracta —algo no típicamente observable— y convertirla en algo que todo el mundo pudiera ver. Durante los treinta días de noviembre, los hombres que llevan bigote se convierten en la práctica en anuncios andantes de la causa. Como señala la página web de Movember:

A través de sus acciones y mensajes de sensibilización, los Mo Bros promueven la conversación privada y pública en torno al tema, a menudo ignorado, de la salud de los hombres.

Y, efectivamente, promueve la conversación. Ver a alguien conocido que de repente se deja bigote da que hablar. Habitualmente, las personas chismorrean un poco entre ellas hasta que alguien se atreve a preguntar por qué se ha dejado bigote. Y cuando la persona lo explica, comparte la moneda social y genera nuevos adeptos. Cada año veo más y más alumnos luciendo bigote en noviembre. Hacer que la causa sea pública ha contribuido a que tenga éxito más rápidamente que de cualquier otra forma.

La mayoría de productos, ideas y conductas se consumen de manera privada. ¿Qué páginas web les gustan a tus compañeros de trabajo? ¿Qué iniciativas legislativas apoyan tus vecinos? A menos que te lo digan, nunca te enterarás. Y, a pesar de que personalmente puede que no te importe demasiado, es muy importante para que las organizaciones, negocios o ideas tengan éxito. Si las personas no pueden ver qué eligen y hacen los demás, no pueden imitarles. Y lo que es peor, como sucede con los estudiantes universitarios que beben compulsivamente, pueden alterar su conducta negativamente porque piensan que nadie comparte su opinión.[4]

Para resolver este problema, es necesario convertir lo privado en público. Generar señales públicas de las elecciones, acciones y opiniones privadas. Hacer observable lo que antes era una idea o conducta inobservable.

Koreen Johannessen fue capaz de hacer que los estudiantes bebieran menos convirtiendo lo privado en público. Publicó anuncios en el periódico de la universidad que simplemente afirmaban lo que era la regla general. La mayoría de los estudiantes sólo se tomaban una o dos copas, y el 69 por ciento sólo cuatro o menos durante las fiestas. No se centró en los efectos nocivos del alcohol, se centró en la información social. Al demostrarles a los estudiantes que la mayoría de sus compañeros no eran bebedores compulsivos, les ayudó a darse cuenta de que había más gente como ellos, es decir, que la mayoría de estudiantes no querían emborracharse. Esto corrigió las deducciones erróneas que todos se habían hecho sobre los demás y, en consecuencia, les llevó a reducir su propio consumo de alcohol. Al convertir lo privado en público, Johannessen logró reducir el abuso del alcohol al menos en un 30 por ciento.

4. Convertir lo privado en público es especialmente importante cuando se trata de cosas de las que, en principio, la gente no se siente cómoda hablando. Pensemos, por ejemplo, en los contactos por Internet. Mucha gente los ha probado, pero, en general, sigue siendo algo mal visto por nuestra cultura. Parte de esa mala imagen se debe al hecho de que la gente no sabe que muchas de las personas que conocen lo han probado. Es una conducta relativamente privada, de modo que, para que tenga éxito, las empresas de contactos por internet tienen que conseguir que la gente sea consciente de que muchas otras personas las utilizan. Los fabricantes de Viagra acuñaron el término «DE» (disfunción eréctil) para que la gente se sintiese más cómoda al hablar de un tema que se consideraba privado. En muchas universidades se instauró el día «ponte vaqueros si eres gay», en parte sólo para concienciar a la gente sobre la comunidad LGBT.

Anunciarse a sí mismo: compartir hotmail con el mundo

Una forma de publicitar las cosas es diseñar ideas que se anuncien por sí mismas. El 4 de julio de 1996, Sabeer Bhatia y Jack Smith presentaron un nuevo servicio de correo electrónico denominado Hotmail. En aquella época, la mayoría de gente obtenía sus correos a través de proveedores de internet como AOL. Pagabas una cuota mensual, llamabas desde casa utilizando una línea telefónica, y accedías a tu correo a través de la interfaz de AOL. Era un sistema limitado. Sólo podías conectarte desde el lugar en el que tenías instalado el servicio. Estabas atado a un ordenador.

Sin embargo, Hotmail era diferente. Fue uno de los primeros servicios de correo electrónico en web, el cual permitía que la gente accediera a su bandeja de entrada desde cualquier ordenador del mundo. Sólo se necesitaba una conexión a internet y un navegador. Para su lanzamiento se eligió el Día de la Independencia, para simbolizar que el servicio liberaba a la gente de tener que estar ligada a su proveedor.

Hotmail era un gran producto y, además, incluía un buen número de los activadores del boca a boca de los que hemos hablado hasta ahora. En aquel tiempo, era bastante destacable poder acceder al correo electrónico desde cualquier lugar, de manera que a los primeros usuarios les gustaba hablar de él porque les proporcionaba moneda social. Por otra parte, el producto ofrecía a los usuarios ventajas considerables respecto a otros servicios de correo electrónico (para empezar, ¡era gratuito!), así que mucha gente empezó a difundirlo a causa de su valor práctico.

No obstante, los creadores de Hotmail hicieron algo más que crear un gran producto. Además, utilizaron inteligentemente la observabilidad para que su producto triunfase. Cada correo electrónico enviado desde una cuenta de Hotmail era como un pequeño anuncio de la pujante marca. Al final aparecía un mensaje y un vínculo que decía simplemente: «Consigue tu propio correo electrónico privado y gratis en www.hotmail.com». Cada vez que los usuarios de Hotmail enviaban un correo, enviaban también a clientes potenciales una prueba social; una promoción implícita del servicio desconocido hasta el momento.

Y funcionó. En poco más de un año Hotmail logró más de ocho millones y medio de suscriptores. Poco después, Microsoft compró el floreciente servicio por cuatrocientos millones de dólares. Desde entonces, más de trescientos cincuenta millones de usuarios han abierto una cuenta.

Apple y Blackberry han adoptado la misma estrategia. En el texto que aparece al final de sus correos electrónicos suele leerse «Enviado desde mi Blackberry» o «Enviado desde mi iPhone». Los usuarios pueden modificar fácilmente el mensaje estándar (uno de mis colegas lo ha cambiado para que diga «Enviado por paloma mensajera»), pero la mayoría de la gente no lo hace, en parte porque les gusta la moneda social que proporcionan aquellas líneas. Al dejar esa nota en su correo electrónico, las personas también contribuyen a que la marca se conozca e influyen en los demás para que la prueben.

Todos estos ejemplos hacen referencia a productos que se anuncian solos. Cada vez que las personas utilizan el producto o servicio, transmiten también prueba social o aprobación pasiva porque el uso es observable.

Muchas empresas aplican esta idea haciendo resaltar su marca. Abercrombie & Fitch, Nike y Burberry adornan sus productos con el nombre de su marca o con logos y dibujos inconfundibles. Los carteles de «Se vende» anuncian la empresa inmobiliaria con la que trabaja el vendedor. Siguiendo la teoría de que más es mejor, algunas empresas han incrementado el tamaño de su logo. Ralph Lauren ha sido siempre conocida por su característico jugador de polo, pero sus camisas Big Pony han hecho que el conocidísimo logo sea dieciséis veces más grande. Para no ser menos en la carrera por la supremacía del logo, Lacoste hizo un movimiento parecido. El cocodrilo de algunos modelos de sus polos es tan grande que parece que vaya a morderle el brazo a cualquiera que lo lleve puesto.

Sin embargo, los logos grandes no son la única manera en la que los productos pueden anunciarse por sí mismos. Pensemos, por ejemplo, en la decisión de Apple de hacer que los auriculares del iPod fuesen blancos. Cuando Apple presentó por primera vez el iPod, había mucha competencia en el ámbito de los reproductores musicales digitales. Diamond Multimedia, Creative, Compaq y Archos ofrecían reproductores, y la música de un dispositivo no podía transferirse fácilmente a otro. Además, no estaba claro cuál de los modelos en liza se impondría, o si lo haría alguno, y si valía la pena pasar del CD portátil o del Walkman a comprar aquel nuevo y caro dispositivo. No obstante, como la mayoría de aparatos llevaban auriculares negros, el cable blanco de Apple destacaba. Anunciándose a sí mismos, era más fácil ver cuántas personas estaban abandonando el clásico Walkman para pasarse al iPod. Era una prueba social visible que indicaba que el iPod era un buen producto y hacía que los usuarios potenciales se sintieran más cómodos a la hora de comprarlo.

Formas, sonidos y otra serie de características distintivas contribuyen también a que los productos se anuncien a sí mismos. Las Pringles se venden en un tubo característico, y los ordenadores que utilizan el sistema operativo de Microsoft hacen un ruido particular al conectarse. En 1992, el diseñador francés de calzado deportivo Christian Louboutin tenía la impresión de que a sus zapatos les faltaba gancho. Mirando a su alrededor, vio el llamativo esmalte de uñas rojo de Chanel que llevaba una empleada. ¡Eso es!, pensó, y decidió esmaltar de rojo las suelas de sus zapatos. Actualmente, los zapatos Louboutin llevan siempre suelas lacadas en rojo que los hacen reconocibles al instante. Son diferentes y fáciles de ver, incluso por personas que saben poco sobre la marca.

Ideas parecidas pueden aplicarse a un montón de productos y servicios. Los sastres entregan fundas de trajes con su nombre impreso; los clubes nocturnos utilizan bengalas para anunciar cuándo alguien paga por una botella. Normalmente, las entradas se quedan en los bolsillos de las personas, pero si las compañías teatrales y los equipos de las ligas menores pudiesen utilizar insignias o adhesivos en lugar de entradas, las «entradas» tendrían mucha mayor visibilidad.

Diseñar productos que se anuncien a sí mismos es una estrategia especialmente valiosa para las empresas u organizaciones pequeñas que no disponen de muchos recursos. Incluso sin dinero para contratar anuncios de televisión o un espacio en el periódico local, los clientes existentes pueden actuar como anunciantes si el producto se anuncia a sí mismo. Es como la publicidad sin presupuesto para publicidad.

Un producto, una idea, o una conducta se anuncian a sí mismos cuando la gente los consume. Cuando las personas llevan una ropa determinada, asisten a una movilización, o utilizan una página web, hacen que sea más probable que sus amigos, compañeros de trabajo y vecinos vean lo que están haciendo y les imiten.

Si una empresa u organización tiene suerte, las personas consumen habitualmente sus productos o servicios. Pero ¿qué sucede el resto del tiempo? ¿Cuando los consumidores llevan otra ropa, apoyan una causa diferente, o hacen algo totalmente distinto? ¿Hay algo que genere una prueba social que permanezca incluso cuando el producto no sea utilizado o la idea no sea la primera que te viene a la mente?

Sí. Se llama residuo conductual.

Las pulseras Livestrong como residuo conductual

Scott MacEachern tenía que tomar una decisión difícil. En 2003, Lance Armstrong era un producto de plena actualidad. En su empresa patrocinadora, Nike, MacEachern estaba intentando descubrir la mejor manera de aprovechar toda la atención que Lance suscitaba. Lance tenía una historia impactante. Siete años antes se le había diagnosticado un cáncer testicular que había puesto en peligro su vida, y se le habían concedido únicamente un 40 por ciento de probabilidades de sobrevivir. Sin embargo, sorprendió a todo el mundo, no sólo con su vuelta al ciclismo, sino por el hecho de volver más fuerte que nunca. Asombrosamente, desde su regreso, había ganado el Tour de Francia cinco veces consecutivas, sirviendo de inspiración a millones de personas. Desde quinceañeros que luchaban contra el cáncer hasta estudiantes universitarios que intentaban ponerse en forma; Lance ayudó a que la gente tuviera fe. Si él había superado el cáncer, ellos podrían superar los retos que les plantease la vida. (Desde 2003, parece haber quedado demostrado que Armstrong logró sus éxitos gracias al uso de productos dopantes. Sin embargo, dado el enorme éxito de las pulseras Livestrong y de la Lance Armstrong Foundation en general, vale la pena plantearse cómo lograron tanta popularidad, independientemente de que la historia personal de Armstrong haya quedado mancillada o no.)

MacEachern quería sacar partido a todo este entusiasmo. Lance había trascendido al deporte. No sólo se había convertido en un héroe, sino en un icono cultural. MacEachern quería reconocer los logros de Lance y celebrar su próximo intento de lograr el récord que supondría una sexta victoria en el Tour de Francia. También quería aprovechar la lluvia de interés y apoyo para recaudar fondos y dar visibilidad a la Lance Armstrong Foundation. ¿Cómo podía hacer que la gente se movilizase por la causa?

MacEachern desarrolló dos ideas potenciales.

La idea número uno fue un recorrido en bicicleta a través de Estados Unidos. La gente se marcaría una distancia como objetivo y haría que sus familiares y amigos patrocinasen su recorrido. Aquello originaría que la gente hiciera más ejercicio, incrementaría el interés por el ciclismo y recaudaría dinero para la fundación. El propio Lance haría parte del recorrido. El evento llevaría semanas y, probablemente, despertaría el interés de los medios de comunicación, tanto a nivel nacional como local, en las ciudades por las que pasase el recorrido.

La idea número dos fue una pulsera. Recientemente, Nike había empezado a vender las Baller Bands, bandas de silicona con mensajes inspiradores como «EQUIPO» o «RESPETO» en su interior. Los jugadores de baloncesto las llevaban para estar concentrados y aumentar su motivación. ¿Por qué no hacer una pulsera centrada en Armstrong? Nike podría hacer cinco millones de pulseras, venderlas a un dólar cada una y entregar todos los ingresos a la Lance Armstrong Foundation.

A MacEachern le gustaba la idea de la pulsera, pero cuando se la planteó a los asesores de Lance, éstos no se mostraron convencidos.

La fundación pensaba que las pulseras serían una birria. Bill Stapleton, el representante de Armstrong, pensó que no había ninguna probabilidad de que tuvieran éxito y dijo que era «una idea estúpida». Ni siquiera Armstrong confiaba en la idea y dijo «¿Qué vamos a hacer con los 4,9 millones de unidades que no vendamos?».

MacEachern no sabía qué hacer. Aunque le gustaba la idea de la pulsera, no estaba seguro de que fuese a tener éxito. Sin embargo, tomó una decisión aparentemente inocua que tuvo una gran influencia en el éxito del producto. MacEachern hizo las pulseras amarillas.

Se eligió el amarillo porque es el color del maillot del vencedor del Tour de Francia. Además, no se asocia claramente con ningún género, lo cual hace que sea fácil de llevar tanto por hombres como por mujeres.

No obstante, también fue una decisión inteligente desde el punto de vista de la observabilidad. El amarillo es un color que la gente casi nunca ve y resulta llamativo. El amarillo destaca sobre casi todo lo que la gente lleva puesto, lo cual hace que una pulsera Livestrong pueda verse fácilmente desde lejos.

Esta visibilidad pública contribuyó a que el producto fuera un éxito extraordinario. Nike no sólo vendió los cinco primeros millones de pulseras, sino que lo hizo en los primeros seis meses después de su lanzamiento. La producción no podía hacer frente a la demanda. Las pulseras eran un artículo tan de moda que la gente empezó a ofrecer el triple del precio de venta para conseguirlas en eBay. Al final, se vendieron más de ochenta y cinco millones de pulseras. Puede que incluso conozcas a alguien que lleve una. No está mal para tratarse de un pequeño trozo de plástico.

Resulta difícil saber cómo habría sido el recorrido en bicicleta por Estados Unidos si Nike lo hubiera puesto en práctica. Y resulta fácil decir a toro pasado que una estrategia exitosa era evidentemente la mejor opción. Pero, sea como fuere, una cosa está clara: la pulsera creó más residuo conductual del que podría haber creado el recorrido en bicicleta. Como señaló MacEachern satisfecho:

Lo bueno de una pulsera es que permanece. El recorrido en bicicleta no. Habrá fotos del recorrido en bicicleta y la gente hablará de él, pero, a menos que tenga lugar cada año —o incluso en el caso de que tenga lugar cada año— no permanece como un recordatorio cada día. En cambio, la pulsera sí.

El residuo conductual son los restos o vestigios físicos que la mayoría de acciones o conductas dejan a su paso. Los amantes del misterio tienen las estanterías repletas de novelas de misterio. Los políticos enmarcan fotos en las que aparecen estrechando la mano a otros políticos famosos. Como vimos en el capítulo de la moneda social, artículos como la pulsera Livestrong dan información acerca de lo que las personas son y lo que les gusta. Incluso cosas que de otro modo serían difíciles de apreciar, como si una persona hace donaciones a una causa concreta o si prefiere las novelas de misterio a la ficción histórica.

Sin embargo, cuando son visibles públicamente, los vestigios facilitan la imitación y proporcionan oportunidades para que la gente hable de productos o ideas relacionados.

Pensemos, por ejemplo, en las votaciones. Es difícil conseguir que las personas vayan a votar. Tienen que averiguar dónde están los colegios electorales, pedirse la mañana libre en el trabajo, y hacer cola, a veces durante horas, hasta que puedan emitir su voto. Sin embargo, esos obstáculos se ven agravados por el hecho de que votar es un acto privado. A menos que veas realmente a toda la gente acudir a votar, no hay forma de que sepas cuánta gente ha decidido que valía la pena el esfuerzo. De modo que no hay demasiada prueba social.

No obstante, en las elecciones de 1980, los funcionarios crearon una bonita manera de hacer que votar fuese algo más visible: la pegatina de «Voté». Bastante sencillo, pero al crear un residuo conductual, la pegatina hizo que el acto privado de votar fuese mucho más público, incluso después de que la gente abandonase el colegio electoral. Proporcionaba un auténtico recordatorio de que hoy es el día en que hay que votar, otros lo hacen y tú deberías hacerlo también.

El residuo conductual está presente en todo tipo de productos e ideas. Tiffany, Victoria's Secret, y muchas otras marcas, entregan a sus clientes bolsas desechables para meter en ellas los artículos comprados. Sin embargo, dada la moneda social asociada a algunas de esas marcas, muchos consumidores reutilizan las bolsas en lugar de tirarlas. Utilizan las bolsas de Victoria's Secret para llevar la ropa del gimnasio, meten el almuerzo en una bolsa de Tiffany, o utilizan la famosa bolsa mediana marrón de Bloomingdale para llevar documentos por la ciudad. La gente llega incluso a reutilizar bolsas de restaurantes, almacenes, y otros lugares que no son símbolo de estatus.

La marca de ropa Lululemon lleva esta idea un paso más allá. En lugar de hacer bolsas de papel relativamente duraderas, hace bolsas que resultan difíciles de tirar. Fabricadas en plástico resistente, como si se tratara de bolsas de supermercado reutilizables, esas bolsas están pensadas claramente para ser reutilizadas. Así que la gente las utiliza para llevar la compra o hacer recados, pero, al mismo tiempo, el residuo conductual contribuye a otorgar prueba social a la marca.

Los obsequios también pueden proporcionar residuo conductual. Si vas a cualquier conferencia, feria o encuentro profesional en el que los participantes tengan un puesto, quedarás asombrado por la cantidad de regalos que ofrecen. Tazas, bolígrafos y camisetas. Cubreteteras, pelotas antiestrés y rascadores de hielo. Hace algunos años, hasta la Wharton School me regaló una corbata.

Sin embargo, algunos de esos obsequios proporcionan más residuo conductual que otros. Regalar un estuche para llevar el maquillaje está bien, pero normalmente las mujeres se aplican el maquillaje en la intimidad de sus cuartos de baño, por lo que no aumenta la visibilidad de la marca. Puede que las tazas de café y las bolsas de gimnasia se utilicen con menos frecuencia, pero su uso es más visible públicamente.

Las personas que publican sus opiniones y su conducta en internet también proporcionan residuo social. Las críticas, los blogs, las publicaciones, u otro tipo de contenidos, dejan rastros que pueden ser recogidos por otros más adelante. Por este motivo, muchas empresas y organizaciones fomentan que la gente ponga «me gusta» en Facebook. Al hacer clic en «me gusta», la gente no sólo muestra afinidad con un producto, idea u organización, sino que también ayuda a hacer correr la voz de que algo está bien o que vale la pena prestarle atención. ABC News descubrió que, al instalar esos botones, su tráfico en Facebook se incrementaba un 250 por ciento.

Otras páginas envían o publican automáticamente lo que hace la gente en sus redes sociales. La música ha sido siempre una actividad un tanto pública, pero Spotify lo lleva un paso más allá. El sistema te permite escuchar las canciones que quieras, pero también publica qué estás escuchando en tu página de Facebook, haciendo que tus amigos conozcan fácilmente tus gustos (y recordándoles la existencia de Spotify). Muchas otras páginas web hacen lo mismo.

Pero ¿deberíamos intentar que las cosas sean siempre públicas? ¿Hay situaciones en las que sería una mala idea publicitar algo?

¿Anuncios antidroga?

Una adolescente alegre, de pelo oscuro, baja la escalera de su edificio de apartamentos. Lleva un bonito collar de plata y un jersey en la mano. Podría ir a trabajar o a reunirse con una amiga para tomar un café. De repente, la puerta de un vecino se abre y una voz le susurra: «Tengo una hierba muy buena para ti». «¡No!» Frunce el ceño y baja la escalera a toda prisa.

Afuera está sentado un chico imberbe. Lleva una sudadera azul y un peinado tipo casco que estaba de moda entre los niños. Está absorto en un videojuego cuando una voz le interrumpe. «¿Cocaína?», pregunta la voz. «No, gracias», responde el chico.

Un joven está apoyado contra la pared mascando chicle. «Eh, colega, ¿quieres pastillas?», pregunta la voz. «¡Ni hablar!», exclama el hombre lanzando una mirada desafiante.

«Simplemente di no» es una de las campañas antidroga más famosas de todos los tiempos. Creada por la primera dama Nancy Reagan durante la presidencia de su marido, la campaña llevó a cabo anuncios públicos como parte de un intento nacional para desanimar a los adolescentes del consumo recreativo de drogas en las décadas de 1980 y 1990.

La lógica era sencilla. De un modo u otro, a los chicos se les iban a ofrecer drogas, ya fuese a través de un amigo, un desconocido, o cualquier otra persona, y tenían que saber decir no. De manera que el Gobierno destinó millones de dólares a anuncios públicos contra la droga. Tenían la esperanza de que los mensajes enseñasen a los chicos a reaccionar en esas situaciones y, en consecuencia, disminuyese el consumo de drogas.

Otras campañas más recientes se han basado en la misma idea. Entre 1998 y 2004, el Congreso asignó casi 1.000 millones de dólares a la campaña nacional contra el consumo de droga por parte de los jóvenes. El objetivo era educar a chicos de entre doce y dieciocho años de edad para permitirles rechazar la droga.

El profesor de comunicación Bob Hornik quería comprobar si los anuncios contra la droga eran realmente eficaces, por lo que recopiló datos sobre el consumo de drogas de miles de adolescentes durante el tiempo que duró la campaña. Estudió si los jóvenes habían visto los anuncios y si habían fumado marihuana. A continuación, comprobó si los anuncios del servicio de salud pública parecían haber reducido el consumo de marihuana.

La conclusión fue que no.

De hecho, los anuncios en realidad parecían incrementar el consumo de drogas. Los chicos de entre doce años y medio y dieciocho años que habían visto los anuncios tenían más probabilidades de fumar marihuana. ¿Por qué?

Porque hacían que el consumo de drogas fuese más público.

Pensemos en la observabilidad y la prueba social. Antes de ver el mensaje, puede que algunos jóvenes no se hubieran planteado nunca tomar drogas. Otros, puede que se lo hubieran planteado pero les diese miedo hacer algo incorrecto.

Pero los anuncios contra la droga a menudo dicen dos cosas a la vez. Dicen que las drogas son malas, pero también dicen que otras personas las toman. Como hemos dicho en el presente capítulo, cuanto más gente haga algo, más probable es que la gente piense que se trata de algo normal y que lo debería hacer también.

Imagínate que eres un chico de quince años que nunca se ha planteado tomar drogas. Estás sentado una tarde viendo dibujos animados cuando aparece un anuncio del servicio público que te habla de los peligros del consumo de drogas. Alguien te va a preguntar si quieres probar las drogas y tú tienes que estar preparado para decir que no. O aún peor, los que te preguntan son los chicos enrollados, pero tú no deberías decir que sí.

Nunca se ven anuncios del servicio público de salud para que evites cortarte la mano con una sierra o para que no te atropelle un autobús, así que si el Gobierno destina todo ese tiempo y dinero para informarte acerca de las drogas, muchos de tus compañeros deben de estar consumiéndolas, ¿verdad? Aparentemente, algunos de ellos son los chicos más guais del colegio. ¡Y tú sin saberlo!

Como dijo Hornik:

Nuestra hipótesis fundamental es que cuanto más veían esos anuncios, más pensaban que muchos otros chicos fumaban marihuana. Y cuanto más pensaban que otros chicos fumaban marihuana, más interesados estaban en consumirla ellos.

Como sucede con muchas herramientas poderosas, hacer que las cosas sean más públicas puede tener consecuencias indeseadas si no se hace de manera cuidadosa. Si quieres que la gente no haga algo, no le digas que muchos otros lo hacen.

Piensa, por ejemplo, en la industria musical. Pensaba que sería capaz de poner fin a las descargas ilegales demostrándole a la gente la magnitud del problema. Así que la página web de la asociación de la industria advierte seriamente que «sólo se ha pagado por el 37 por ciento de la música adquirida por los consumidores estadounidenses» y que, durante los últimos años, «aproximadamente treinta mil millones de canciones han sido descargadas de manera ilegal».

Sin embargo, no estoy seguro de que el mensaje tenga el efecto deseado. En todo caso, puede que tenga el efecto contrario. ¿Menos de la mitad de la gente paga la música que escucha? ¡Hala! Entonces tú debes de ser un idiota por pagar por ella, ¿no? Incluso en los casos en que la mayoría de la gente hace lo correcto, hablar de la minoría que actúa incorrectamente puede empujar a la gente a caer en la tentación.

Más que convertir lo privado en público, para evitar una conducta es necesario lo contrario: convertir lo público en privado. Hacer que el comportamiento de los otros sea menos visible.

Una forma es resaltar lo que la gente debería hacer. El psicólogo Bob Cialdini y sus colegas querían reducir el número de personas que robaban madera petrificada del Petrified Forest National Park de Arizona, de manera que colocaron carteles por el parque que probaban diferentes estrategias. Uno pedía que no se llevaran madera porque «muchos visitantes habían sacado madera petrificada del parque, alterando su estado natural». Al proporcionar una prueba social de que otros robaban, el mensaje tuvo un efecto pernicioso; ¡el número de personas que se llevaban madera casi se duplicó!

Destacar lo que se debería hacer resultó mucho más eficaz. A lo largo de una serie de senderos probaron a colocar un cartel diferente que rezaba: «Se ruega no extraer madera petrificada del bosque con el fin de preservar su estado natural». Al centrarse en los efectos positivos de no llevarse madera, en lugar de en lo que hacían los demás, la dirección del parque consiguió reducir el número de robos.

Se ha dicho que cuando las personas son libres de hacer lo que quieran, suelen imitarse unas a otras. Acudimos a los demás para obtener información acerca de lo que es correcto o adecuado en una situación determinada, y esta prueba social influye en todo, desde los productos que compramos hasta los candidatos a los que votamos.

Pero, tal como hemos visto, la frase «¿Dónde va Vicente? Donde va la gente» refleja algo más que nuestra simple tendencia a seguir a los demás. Si la gente no puede ver qué hacen los demás, no puede imitarles. Así que, para hacer que nuestros productos e ideas adquieran popularidad, tenemos que hacer que sean más públicamente observables. Para Apple fue tan sencillo como darle la vuelta al logo. Gracias a la ingeniosa utilización de los bigotes, Movember atrajo atención y donaciones para la investigación del cáncer de próstata.

Tenemos que hacer como Apple y Hotmail y diseñar productos que se anuncien a sí mismos. Tenemos que ser como Lululemon y Livestrong y crear residuo conductual, pruebas identificables que permanecen incluso después de que la gente haya utilizado nuestro producto o adoptado nuestras ideas. Tenemos que convertir lo privado en público. Si algo está hecho para que se vea, crecerá.

Capítulo 5
Valor práctico

Si tuvieras que elegir a alguien para que hiciera un vídeo viral, probablemente Ken Craig no sería la primera opción. La mayoría de vídeos virales son realizados por adolescentes y vistos por adolescentes. Las piruetas locas que alguien ha hecho con su moto, o los personajes de dibujos animados editados para que parezcan que están bailando al ritmo de canciones de rap. Cosas que le encantan a la gente joven.

Sin embargo, Ken Craig tiene ochenta y seis años de edad. ¿Y el vídeo que se convirtió en viral? Va de desgranar maíz.

Ken nació en una granja de Oklahoma y tenía cinco hermanos y hermanas. El medio de vida de su familia giraba en torno al cultivo de algodón. También tenían una huerta para cultivar alimentos para el consumo familiar, y uno de esos alimentos era el maíz. Ken lleva comiendo maíz desde 1920. Ha probado todo, desde guiso y estofado de maíz, hasta buñuelos y ensalada de maíz. Una de sus formas preferidas de comer maíz es directamente de la mazorca. Bueno y fresco.

Pero, si alguna vez has comido maíz de la mazorca sabrás que hay dos problemas. Aparte de los granos que se te enganchan en los dientes, están esas molestas fibras (llamadas seda de maíz) que parecen estar siempre adheridas al maíz. Un par de tirones fuertes y puedes pelar fácilmente la mazorca, pero la seda parece aferrarse desesperadamente. Puedes frotar el maíz, sacar los hilos cuidadosamente con unas pinzas, o probar prácticamente cualquier otra cosa, pero, hagas lo que hagas, parece que siempre quedan un par de hebras díscolas.

Y aquí es donde Ken entra en escena.

Como la mayoría de personas de ochenta y seis años, Ken no está demasiado metido en internet. No tiene un blog, ni un canal de You-

Tube, ni ninguna clase de presencia en la red. De hecho, hasta ahora sólo ha hecho un vídeo de YouTube en toda su vida.

Hace un par de años, su nuera estaba en casa de Ken haciendo la cena. Casi había terminado de cocinar el primer plato y, cuando faltaba poco para comer, le dijo que el maíz estaba listo para ser pelado. «De acuerdo —dijo Ken—, pero déjame que te enseñe un pequeño truco.»

Cogió mazorcas sin pelar y las puso en el microondas. Cuatro minutos cada una. A continuación, sacó un cuchillo de cocina y cortó un centímetro y medio más o menos de la parte inferior; cogió las hojas de la parte superior, le dio un par de sacudidas rápidas y la mazorca se desprendió, limpia como una patena. Sin hebras.

Su nuera quedó tan impresionada que dijo que tenían que grabar un vídeo para enviárselo a su hija que estaba enseñando inglés en Corea. De modo que, al día siguiente, rodó un breve vídeo de Ken en la cocina en el que explicaba su truco para limpiar las mazorcas. Para que su hija lo pudiera ver con más facilidad, lo publicó en YouTube y, de paso, se lo envió a un par de amigas.

Pues bien, ese par de amigas lo envió a otro par de amigas, y éstas a otro par. Al poco tiempo, el vídeo de las mazorcas limpias de Ken arrasó en la red. Recibió más de cinco millones de visitas.

Sin embargo, a diferencia de la mayoría de vídeos virales destinados a gente joven, este estaba destinado al público contrario, situándose en los primeros puestos de la tabla de vídeos más vistos por personas de más de cincuenta y cinco años. De hecho, el vídeo se habría propagado aún más rápido de haber habido más personas de edad en internet.

¿Por qué la gente compartió este vídeo?

Hace un par de años fui de excursión con mi hermano a las montañas de Carolina del Norte. Él estaba acabando un año muy duro en la facultad de medicina y yo necesitaba tomarme un descanso del trabajo, así que quedamos en el aeropuerto Raleigh-Durham y fuimos en coche hacia el oeste. Atravesamos la zona de Chapel Hill donde se encuentra la universidad, pasamos por la ciudad de Winston-Salem, en su día repleta de tabaco, en dirección a las Blue Ridge Mountains, que abrazan la parte más occidental del estado. A la mañana siguiente, nos levantamos temprano, empaquetamos la comida del día, y tomamos un serpenteante sendero de montaña que conducía a la cima de una majestuosa meseta.

La principal razón por la que la gente va de excursión es para olvidarse de todo. Para escapar del bullicio y el trajín de la ciudad y sumergirse en la naturaleza. Sin carteles, sin tráfico, sin anuncios, sólo tú y la naturaleza.

Sin embargo, aquella mañana, mientras íbamos de excursión por el bosque, nos topamos con algo extraordinariamente curioso. Al doblar un recodo del sendero había un grupo de excursionistas frente a nosotros. Caminamos tras ellos durante un par de minutos y, curioso como soy, resulta que pude oír su conversación. Pensaba que hablarían del buen tiempo que hacía, o del importante desnivel que acabábamos de salvar.

Pero no.

Estaban hablando de aspiradoras. De si un modelo en concreto valía realmente el alto precio que costaba y de si otro modelo funcionaría igual de bien.

¿Aspiradoras? Aquellos excursionistas podrían haber hablado de otras mil cosas. De dónde parar a comer, de las estruendosas cascadas de veinte metros por las que acababan de pasar, y hasta de política. Pero ¿de aspiradoras?

El vídeo viral de Ken Craig sobre el maíz no es fácil de explicar utilizando las magnitudes de las que hemos hablado hasta ahora en este libro, pero más difícil aún es explicar que los excursionistas estuvieran hablando de aspiradoras. No hablaban de nada especialmente destacable, así que la moneda social no cumplía un papel demasiado importante. Mientras que en una casa, o incluso en una ciudad, puede haber muchas cosas que den pie a hablar de aspiradoras, en el bosque no hay muchos activadores que lleven a hablar de ellas. Y, por último, aunque una campaña inteligente pudiera lograr hacer que las aspiradoras resultasen más emocionantes, los excursionistas mantenían una sencilla conversación acerca de las características de los diferentes modelos. De manera que, ¿qué les impulsaba a hablar?

La respuesta es sencilla. A la gente le gusta transmitir información práctica y útil. Noticias que los demás puedan aprovechar.

En el contexto de activadores o bares ocultos como el Please Don't Tell, el valor práctico puede no parecer el concepto más atractivo o emocionante. Hay quien incluso diría que es obvio o intuitivo. Sin embargo, ello no significa que no sea consecuente. Cuando le preguntaron al escritor y editor William F. Buckley Jr. qué libro se llevaría a una isla desierta, su respuesta fue directa: «Un libro sobre cómo construir barcos».

Las cosas útiles son importantes.

Además, como demuestran las historias del maíz de Ken y de los excursionistas hablando de aspiradoras, la gente no sólo valora la información práctica, la comparte. Proporcionar valor práctico contribuye a que las cosas se vuelvan contagiosas.

La gente comparte información valiosa desde un punto de vista práctico para ayudar a los demás. Ya sea para ahorrarle tiempo a un amigo o haciendo que un colega se ahorre un par de pavos la próxima vez que vaya al supermercado, la información útil es de ayuda.

En este sentido, compartir información útil desde un punto de vista práctico es como la versión moderna de la construcción en grupo de un granero. Los graneros son estructuras enormes y caras, lo que hace difícil que una familia pueda construirlas o pagarlas por sí sola. Por tanto, en los siglos xviii y xix, las comunidades construían colectivamente un granero para uno de sus miembros. La gente se reunía y ofrecía su tiempo para ayudar a su vecino. La vez siguiente, el granero se construía para otra persona. Puede verse como una versión antigua de la idea de «cadena de favores».

Actualmente, las oportunidades de ayudar directamente a alguien son menores y más espaciadas. La vida urbana moderna nos ha distanciado de nuestros amigos y vecinos. Vivimos al final de largos caminos de entrada o en lo alto de edificios de apartamentos, a menudo sin llegar a conocer al vecino de al lado. Mucha gente se aleja de su familia por razones de trabajo o estudios, lo cual reduce el contacto cara a cara con nuestros vínculos sociales más estrechos. La construcción del granero ha sido asumida por mano de obra contratada.

No obstante, compartir algo útil con otros es una forma rápida y sencilla de ayudarles, aunque no estén en el mismo lugar. Los padres pueden enviar información útil a sus hijos, incluso aunque estén a cientos de kilómetros de distancia. Transmitir información útil también estrecha los vínculos sociales. Si sabemos que a nuestros amigos les gusta cocinar, enviarles una nueva receta que hemos encontrado refuerza nuestra relación. Nuestros amigos ven que les conocemos y que nos preocupamos por ellos; nosotros nos sentimos bien siéndoles útiles, y la comunicación cimenta nuestra amistad.

Si la moneda social se refiere a quienes envían la información y a la imagen que les proporciona el hecho de compartirla, el valor práctico se refiere fundamentalmente a quién recibe la información. Se trata de ahorrarle a la gente tiempo o dinero, o de ayudarla a tener buenas experiencias. No cabe duda de que compartir cosas útiles también beneficia a quien comparte. Ayudar a los demás hace que nos sintamos bien. Incluso se refleja positivamente en quien comparte, proporcionándole cierta moneda social. Pero, en el fondo, compartir valor práctico es ayudar a otros. En el capítulo sobre las emociones señalamos que cuando algo nos importa, lo compartimos. Sin embargo, lo contrario también es cierto: si compartimos es que nos importa.

Puede pensarse que compartir valor práctico equivale a aconsejar. La gente habla de qué plan de pensiones es más barato y qué político hará cuadrar el presupuesto; qué medicamento cura el resfriado y qué vegetal tiene más betacaroteno. Piensa en la última vez que tomaste una decisión para la que tuvieras que recopilar y seleccionar gran cantidad de información. Probablemente le preguntaste a una o más personas qué debías hacer, y probablemente ellas te dieron su opinión, o bien te enviaron un vínculo a una página web que te sirvió de ayuda.

Así que ¿qué hace que algo parezca suficientemente valioso para transmitirlo?

Ahorrar un par de pavos

Cuando la gente piensa en valor práctico, ahorrar dinero es una de las primeras cosas que le viene a la mente; conseguir algo por un precio inferior al original o conseguir más de algo de lo que habitualmente se obtendría por el mismo precio.

Páginas web como Groupon y LivingSocial han construido modelos de negocio basados en ofrecer descuentos a los consumidores en todo, desde sesiones de pedicura hasta clases de pilotaje.

Uno de los mayores impulsores que hacen que la gente comparta ofertas promocionales es que la oferta parezca una buena oportunidad. Si vemos una oferta extraordinaria no podemos evitar hablar de ella o comunicársela a alguien a quien creemos que le será útil. Sin embargo, si la oferta simplemente está bien, nos la quedamos para nosotros.

Entonces, ¿qué determina que una oferta promocional parezca una buena oportunidad?

Como es lógico, el importe del descuento influye en lo buena que parezca la oferta. Ahorrarse cien dólares, por ejemplo, suele ser más emocionante que ahorrarse un dólar. Ahorrarse el 50 por ciento es más emocionante que ahorrarse el 10 por ciento. No hay que ser un neurocirujano para darse cuenta de que a la gente le gustan (y comparten) más los descuentos grandes que los pequeños.

Pero, en realidad, la cosa resulta más complicada. Piensa qué harías en el siguiente ejemplo:

Escenario A: Imagínate que estás en una tienda porque quieres comprar una barbacoa nueva. Encuentras una Weber Q 320 que parece estar bastante bien y, para tu alegría, está en oferta. Su precio original eran trescientos cincuenta dólares y ahora está rebajada a doscientos cincuenta.

¿Te comprarías esa barbacoa, o irías a otra tienda a mirar otras? Piénsalo un momento antes de contestar. ¿Ya? Bien, repitamos el ejercicio en una tienda diferente.

Escenario B: Imagínate que estás en una tienda porque quieres comprar una barbacoa nueva. Encuentras una Weber Q 320 que parece estar bastante bien y, para tu alegría, está en oferta. Su precio original eran doscientos cincuenta y cinco dólares y ahora está rebajada a doscientos cuarenta.

¿Qué harías en ese caso? ¿Comprarías la barbacoa o irías a otra tienda a mirar otras? Espera a tener una respuesta y luego sigue leyendo.

Si eres como la mayoría, el escenario A te parecerá bastante bueno. ¿Cien dólares de descuento en una barbacoa, y además de un modelo que te gusta?

Parece una buena oferta. Probablemente habrás dicho que la comprarías en lugar de seguir buscando.

No obstante, el escenario B probablemente no parecía tan bueno. Al fin y al cabo, sólo está rebajada quince dólares, ni por asomo se trata de una oferta tan buena como en el primer caso. Probablemente habrás dicho que seguirías buscando en lugar de comprar.

Me he encontrado con resultados parecidos al plantearles ambos escenarios a cien personas diferentes. Mientras que el 75 por ciento de las personas a las que se les planteó el escenario A dijeron que comprarían la barbacoa en lugar de seguir buscando, únicamente el 22 por ciento de las personas a las que se les planteó el escenario B, dijeron que la comprarían.

Todo esto es perfectamente lógico hasta que piensas en el precio final en cada tienda. Ambas tiendas estaban vendiendo la misma barbacoa, así que, en todo caso, la gente debería haber tendido más a comprarla en la tienda que ofrecía el precio más barato (escenario B), pero no fue así. De hecho, sucedió lo contrario. Más personas dijeron que comprarían la barbacoa en el escenario A, a pesar de que tendrían que pagar un precio más alto (doscientos cincuenta dólares, en lugar de doscientos cuarenta) por ella.

¿A qué se debe?

La psicología de las ofertas

Una fría mañana de invierno en diciembre de 2002, Daniel Kahneman salió al escenario de una abarrotada sala de conferencias en la Universidad de Estocolmo, en Suecia. El público estaba repleto de diplomáticos suecos, dignatarios, y algunos de los más destacados intelectuales del mundo. Kahneman había ido a dar una charla sobre racionalidad limitada, una nueva perspectiva sobre el juicio intuitivo y la elección. A lo largo de los años había dado charlas parecidas, pero aquélla era ligeramente diferente. Kahneman estaba en Estocolmo para aceptar el premio Nobel de Economía.

El Premio Nobel es uno de los galardones más prestigiosos del mundo y se concede a investigadores que han aportado grandes dosis de conocimiento a sus disciplinas. Albert Einstein recibió el Premio Nobel por su trabajo sobre la física teórica. Watson y Crick recibieron el premio Nobel de Medicina por su trabajo sobre la estructura del ADN. En economía, el Premio Nobel se le concede a una persona cuya investigación ha tenido gran influencia en el avance del pensamiento económico.

Sin embargo, Kahneman no es economista, es psicólogo.

Kahneman recibió el Nobel por su trabajo junto a Amos Tversky sobre lo que denominaron «teoría de las perspectivas». La teoría es extraordinariamente profunda, pero, en el fondo, se basa en una idea muy básica. La forma en que la gente toma decisiones acostumbra a incumplir los razonamientos fundamentales sobre cómo debería tomar dichas decisiones. Los juicios y las decisiones no son siempre racionales u óptimos. Por el contrario, se basan en principios psicológicos sobre cómo las personas perciben y procesan la información. Exactamente del mismo modo que los procesos perceptivos influyen en que veamos un jersey rojo o que un objeto en el horizonte nos parezca lejano, también influyen en que un precio parezca caro o una oferta parezca buena. Junto con el trabajo realizado por Richard Thaler, las investigaciones de Kahneman y Tversky forman parte de los primeros estudios de lo que actualmente conocemos como «economía conductual».

Uno de los principios fundamentales de la teoría de las perspectivas es que las personas no evalúan las cosas en términos absolutos. Las evalúan comparándolas con un estándar o «punto de referencia». Cincuenta centavos por un café no son simplemente cincuenta centavos por un café. Que ese precio parezca justo o no, depende de tus expectativas. Si vives en la ciudad de Nueva York, pagar cincuenta centavos por un café parece bastante barato. Sonreirías por tu buena suerte y tomarías café allí cada día. Puede que incluso se lo contaras a tus amigos.

Sin embargo, si vives en la India rural, cincuenta centavos pueden parecerte una enorme fortuna. Sería mucho más de lo que se te ocurriría pagar por un café y nunca lo comprarías. Si les contases algo a tus amigos al respecto sería tu indignación por el precio desorbitado.

El mismo fenómeno puede apreciarse si vas al cine o a unos almacenes con personas de setenta u ochenta años. A menudo, se quejan de los precios. «¿Qué? —exclaman—. ¡No pienso pagar once dólares por una entrada de cine! ¡Es un robo!»

Podría parecer que las personas mayores son más tacañas que el resto, pero existe una razón más fundamental por la cual piensan que los precios no son justos. Tienen diferentes puntos de referencia. Recuerdan la época en que una entrada de cine costaba cuarenta centavos y la carne costaba noventa y cinco centavos la libra; cuando la pasta de dientes costaba veintinueve centavos y los pañuelos de papel diez. Por eso, les resulta difícil considerar justos los precios actuales. Los precios les parecen mucho más altos de lo que recuerdan, así que se resisten a pagarlos.

Los puntos de referencia ayudan a explicar los ejemplos de la barbacoa. La gente toma como punto de referencia el precio que espera pagar. Así, la barbacoa parecía una oferta mejor cuando el precio marcaba una rebaja de 350 a 250 dólares, que cuando la rebaja era de 255 a 240 dólares, a pesar de que fuese la misma barbacoa.

La teletienda emplea a menudo la misma estrategia.

¡Los increíbles cuchillos Miracle Blade duran eternamente! ¡Vea cómo cortan una piña, una lata de refresco, o incluso una moneda de un penique! ¡Usted esperaría pagar cien o doscientos dólares por un juego de cuchillos como éstos, pero ahora puede conseguir este increíble juego de cuchillos por sólo treinta y nueve dólares con noventa y nueve centavos!

¿Te suena? Debería. La mayoría de los anuncios de teletienda utilizan esta técnica para que, sea lo que sea lo que anuncian, parezca una gran oferta. Al mencionar cien o doscientos dólares como el precio que estarías dispuesto a pagar, el anuncio marca un punto de referencia muy elevado, lo que hace que el precio final de treinta y nueve con noventa y nueve dólares parezca una ganga.

Por esta misma razón, los comerciantes suelen mostrar el precio de venta «habitual» o precio de fábrica cuando algo está rebajado. Quieren que los consumidores tomen esos precios como referencia para que el precio de venta parezca aún mejor. Además, los consumidores suelen centrar tanto su atención en conseguir una buena oferta que, como ha quedado demostrado en el ejemplo de la barbacoa, a veces acaban pagando más.

Los puntos de referencia también funcionan con cantidades.

¡Pero espere, todavía hay más! ¡Si llama ahora, incluiremos un segundo juego de cuchillos completamente gratis! ¡Sí, un juego extra por el mismo precio! ¡Y además incluiremos también este práctico afilador sin coste adicional!

Aquí, el anuncio toma la referencia de la cantidad y la aumenta. Esperabas pagar treinta y nueve con noventa y nueve dólares por un juego de cuchillos Miracle Blade, pero ahora te ofrecen un juego extra y un afilador por el mismo precio. Además de que el precio es más bajo de lo que esperabas (el cual, por cierto, lo marcan ellos de entrada), los artículos adicionales hacen que la oferta parezca una oportunidad aún más ventajosa.

¿Hasta dónde llega el efecto de rebajar algo? Los científicos especialistas en marketing Eric Anderson y Duncan Simester querían averiguar la respuesta, de modo que hace algunos años se asociaron con una empresa que envía catálogos de ropa a domicilio como L. L. Bean, Spiegel o Lands' End en Estados Unidos. La mayoría de la ropa de esos catálogos no tiene descuento, pero, en ocasiones, hay algunos artículos rebajados a muy buen precio. Como es lógico, esto hace aumentar las ventas. A la gente le gusta pagar menos, así que bajar los precios hace que las cosas sean más apetecibles.

Sin embargo, Anderson y Simester tenían otra pregunta en mente. Se preguntaban si para los consumidores la idea de descuento era tan poderosa como para que el mero etiquetaje de algo como «rebajado» hiciese aumentar las ventas.

Para comprobar esta posibilidad, Anderson y Simester crearon dos versiones diferentes del catálogo y las enviaron a más de cincuenta mil personas. En una versión, algunos de los productos (llamémosles vestidos) iban marcados con signos que decían «rebajas de pretemporada». En la otra versión, los vestidos no estaban marcados como rebajados.

No cabe duda de que marcar los artículos como rebajados incrementó la demanda. Más del 50 por ciento. ¿Cuál era el truco? Los precios de los vestidos eran iguales en ambas versiones del catálogo. De modo que utilizar la palabra «rebaja» al lado de un precio hacía incrementar las ventas aunque el precio siguiera siendo el mismo.

Otro principio de la teoría de las perspectivas es la denominada «disminución de la sensibilidad». Imagínate que quieres comprar un nuevo radio reloj. En la tienda en la que esperas comprarlo ves que el precio es de treinta y cinco dólares. Un dependiente te informa de que el mismo artículo está disponible en otra tienda de la cadena por sólo veinticinco dólares. La tienda está a veinte minutos en coche y el dependiente te asegura que lo tienen.

¿Qué harías? ¿Comprarías el radio reloj en la primera tienda o conducirías hasta la segunda?

Si eres como la mayoría de la gente, probablemente estarás dispuesto a ir a la otra tienda. Al fin y al cabo, se trata de poca distancia y te ahorrarías casi el 30 por ciento. Parece lógico.

Sin embargo, plantéate un ejemplo parecido. Imagínate que vas a comprar un televisor. En la tienda en la que esperas comprarlo el precio es de seiscientos cincuenta dólares. Un dependiente te informa de que el mismo artículo está disponible en otra tienda de la cadena por sólo seiscientos cuarenta dólares. La tienda está a veinte minutos en coche y el dependiente te asegura que lo tienen.

¿Qué harías en este caso? ¿Estarías dispuesto a conducir veinte minutos para ahorrarte diez dólares en el televisor?

Si eres como la mayoría de la gente, en esta ocasión probablemente dirás que no. ¿Para qué conducir veinte minutos para ahorrarte unos cuantos pavos en una tele? Probablemente gastarías más en gasolina de lo que ahorrarías en el producto. De hecho, cuando planteé cada escenario a cien personas distintas, el 87 por ciento dijeron que comprarían el televisor en la primera tienda, mientras que sólo el 17 por ciento dijo lo mismo en el caso del radio reloj.

Sin embargo, si lo piensas, ambos escenarios son esencialmente iguales. En los dos se trata de conducir veinte minutos para ahorrar diez dólares, por lo que la gente debería de haber estado igual de dispuesta a desplazarse en los dos casos.

Pero no fue así. Mientras que casi todo el mundo está dispuesto a realizar el trayecto para conseguir el radio reloj más barato, casi nadie lo está para comprar el televisor. ¿Por qué?

La disminución de sensibilidad refleja la idea de que el mismo cambio tiene un impacto menor cuanto más alejado se encuentre del punto de referencia. Imagínate que participas en una rifa en la oficina o en el colegio de tu hijo. No esperas gran cosa, pero, para tu sorpresa, ganas diez dólares. ¡Qué suerte! Ganar algo es genial, así que probablemente estarás bastante contento.

Ahora, imagínate que ganas veinte dólares. Probablemente te sentirás aún más contento. Puede que no des volteretas en ninguno de los dos casos, pero ganar veinte dólares es considerablemente mejor que ganar sólo diez.

Bien, ahora pensemos en la misma rifa y en el mismo incremento de diez dólares de ganancia y aumentemos un poco el premio. Imagínate que ganas ciento veinte dólares en lugar de ciento diez. O, aún mejor, mil veinte dólares en lugar de mil diez. De repente, esos diez dólares más no importan tanto. Lo más probable es que sintieras básicamente lo mismo si ganases ciento veinte dólares en lugar de ciento diez. Si ganases mil veinte dólares en lugar de mil diez, probablemente ni te darías cuenta. El mismo cambio de ganar diez dólares tiene un impacto menor cuanto más te alejas del punto de referencia de cero dólares o no ganar nada.

La disminución de la sensibilidad nos ayuda a entender por qué la gente está más dispuesta a conducir para ahorrar dinero en el radio reloj. El radio reloj era mucho más barato, así que un descuento de diez dólares parece una oferta bastante buena. Sin embargo, aunque el televisor también está rebajado diez dólares, no parece una ganga teniendo en cuenta que su precio de partida es mucho mayor.

Resaltar un valor increíble

Las ofertas parecen más atractivas cuando resaltan un valor increíble. Como tratamos en el capítulo de la moneda social, cuanto más destacable es algo, más probable es que se hable de ello. Nos bombardean constantemente con buenas ofertas. Si cada vez que en el supermercado rebajan diez centavos una lata de sopa se lo explicáramos a los demás, ya nadie querría ser amigo nuestro. Una oferta tiene que destacar para que la compartamos.

Como ilustra la teoría de las perspectivas, un factor clave para resaltar un valor increíble es lo que la gente espera. Las ofertas promocionales que parecen sorprendentes o superan las expectativas tienen más probabilidades de ser compartidas. Esto puede deberse a que la oferta en sí supera las expectativas (por ejemplo, porque el porcentaje de descuento es increíble) o porque la forma en que se presenta la oferta hace que lo parezca.

Otro factor que influye en que las ofertas parezcan ventajosas es su disponibilidad. Aunque parezca un tanto ilógico, restringir las promociones puede hacer que sean más eficaces. Tal como sucedía en los ejemplos de Please Don't tell y Rue La La que vimos en el capítulo relativo a la moneda social, restringir la disponibilidad haciendo que algo sea escaso y exclusivo hace que las cosas parezcan más valiosas.

Pensemos por ejemplo en el factor temporal o en la frecuencia. Rebajar algo puede hacer que parezca una buena oferta, pero si un producto está siempre rebajado, la gente empieza a ajustar sus expectativas. En lugar de tomar como referencia el precio «normal», el precio rebajado se convierte en el precio esperado. Esto sucede con las tiendas de alfombras que ofrecen siempre un 70 por ciento de descuento. La gente asume que las «rebajas» son la norma y ya no las consideran una ventaja. Lo mismo es válido incluso con la palabra «rebajas». Mientras que indicar que algo está rebajado puede hacer aumentar la demanda, el hecho de que en una tienda haya demasiados artículos que aparezcan como rebajados, puede hacer disminuir las compras.

Sin embargo, las ofertas disponibles sólo por tiempo limitado parecen más atractivas debido a su restricción. Igual que hacer que un producto sea escaso, el hecho de que una oferta no dure eternamente hace que la gente tenga la impresión que es realmente buena.

Los límites sobre la cantidad funcionan del mismo modo. Los comerciantes a veces establecen límites sobre el número de artículos rebajados que se pueden comprar. «Uno por hogar» o «Límite de tres unidades por cliente». Podría pensarse que dificultar que la gente compre tantos artículos como quiera perjudicaría la demanda, pero, de hecho, provoca el efecto contrario al hacer que la promoción parezca una oferta aún mejor. «Oh, si sólo se puede conseguir uno, debe de ser que la oferta es tan buena que en la tienda les preocupa quedarse sin existencias. ¿Más vale que consiga uno rápido!» De hecho, hay estudios que demuestran que los límites sobre la cantidad que se puede comprar hacen aumentar las ventas más del 50 por ciento.

Incluso el hecho de limitar el acceso puede hacer que una oferta promocional parezca mejor. Algunas ofertas están al alcance de todo el mundo. Cualquiera puede acercarse a los colgadores de prendas rebajadas en Gap y comprar pantalones chinos más baratos, del mismo modo que cualquier cliente puede aprovechar la hora feliz en su pub habitual. Sin embargo, otras ofertas son personalizadas o limitadas a un determinado grupo de clientes. Los hoteles premian a los clientes habituales con tarifas «exclusivas» y los restaurantes hacen «inauguraciones privadas» para una determinada clientela.

Estas ofertas parecen especiales. Fomentan el boca a boca, no sólo al aumentar la moneda social, sino también haciendo que la oferta parezca mejor. Como sucede con las limitaciones temporales o de cantidad, el mero hecho de que no todo el mundo pueda acceder a la promoción hace que esta parezca más valiosa. Se incrementa el valor práctico, el cual, a su vez, fomenta que la gente lo comente.

La regla del cien

Otro factor delimitador que influye sobre el valor práctico, es cómo se expresan las ofertas promocionales. Algunas se expresan en dólares de descuento, o descuentos absolutos (rebajado cinco o cincuenta dólares). Otras ofertas se expresan mediante un tanto por ciento de descuento, o descuentos relativos (5 o 50 por ciento de descuento). El hecho de que una promoción se presente como un descuento en dólares o en porcentaje, ¿podría afectar a lo grande que parezca el descuento?

Pensemos, por ejemplo, en un descuento del 20 por ciento en una camisa de veinticinco dólares. El mismo descuento puede presentarse como una rebaja del 20 por ciento o una rebaja de cinco dólares. ¿Cuál de las dos parece mejor?

O pensemos en un ordenador portátil de dos mil dólares. El mismo descuento puede presentarse como una rebaja del 10 por ciento o una rebaja de doscientos dólares. ¿Uno de los métodos de presentación del descuento hace que una oferta parezca mejor que la otra?

Los investigadores han concluido que el hecho de que un descuento parezca mayor expresado en dinero o en porcentaje depende del precio original. En el caso de los productos de precio bajo, como los libros o los alimentos, las rebajas parecen más importantes si se presentan mediante porcentaje. Un descuento del 20 por ciento en una camisa de veinticinco dólares parece una oferta mejor que una rebaja de cinco dólares. Sin embargo, en el caso de productos caros, sucede lo contrario. Si se trata de ordenadores portátiles u otros artículos de precio elevado, presentar la rebaja en dólares (en lugar de referirse a un porcentaje) hace que la oferta parezca mejor. El ordenador portátil parece una oportunidad mejor si te dicen que está rebajado doscientos dólares que si te dicen que está rebajado un 10 por ciento.

Una forma sencilla de entender qué descuento parece mayor consiste en aplicar la llamada regla del 100.

Si el precio del producto es inferior a cien dólares, la regla del cien dice que los descuentos en porcentaje parecen mayores. Para una camisa de treinta dólares o un plato de quince dólares, incluso un descuento de tres dólares parece relativamente pequeño. Sin embargo, presentándolo con porcentaje (10 o 20 por ciento) ese mismo descuento parece mucho mayor.

Si el precio del producto es superior a cien dólares, sucede lo contrario. Los descuentos numéricos parecen mayores. Pensemos, por ejemplo, en unas vacaciones organizadas de setecientos cincuenta dólares o en el ordenador de dos mil dólares. Mientras que un 10 por ciento de descuento puede parecer relativamente pequeño, al pasarlo a dólares (setenta y cinco o doscientos) parece inmediatamente mucho mayor.

De modo que, a la hora de decidir hasta qué punto es buena una oferta promocional, o cómo presentar una oferta promocional para que parezca mejor, lo correcto es utilizar la regla del cien. Piensa en la caída del precio respecto a cien dólares y cómo influye en que los descuentos absolutos o relativos parezcan más atractivos.

Un último punto relativo a las ofertas promocionales es que el valor práctico es más eficaz cuanto más fácil sea de apreciar por parte de la gente. Pensemos, por ejemplo, en las tarjetas de cliente del supermercado o de la farmacia. No cabe duda de que esas tarjetas son útiles. Hacen que los consumidores ahorren dinero y, a veces, incluso les proporcionan regalos si han acumulado suficientes compras. Sin embargo, el problema es que el valor práctico no es demasiado visible. La única información que tiene la gente sobre cuánto ha ahorrado está oculta entre media docena de datos en un recibo muy largo. Y, dado que la mayoría de la gente no enseña a los demás sus recibos de compra, resulta poco probable que alguien que no sea el usuario de la tarjeta sepa cuánto se ha ahorrado. Esto reduce las probabilidades de que la información sea contagiosa.

Pero ¿y si las tiendas hicieran que el valor práctico fuera más fácil de percibir? Podrían utilizar una señal al pagar que mostrase al resto de personas de la cola cuánto se ha ahorrado la persona que está pagando. O el establecimiento podría hacer sonar un timbre cada vez que alguien se ahorrase más de veinticinco dólares. Esto provocaría dos cosas. En primer lugar, la gente tendría una idea más real de cuánto podría ahorrarse en caso de tener la tarjeta, animando a quienes no la tuvieran a solicitar una. En segundo lugar, permitiría que la gente viese las impresionantes cantidades de dinero que otros compradores se han ahorrado, animándoles a explicar estas sorprendentes historias de valor práctico. Como señalamos en el capítulo de la publicidad, es difícil hablar de algo que no se ve.

Más que dinero

Soy malísimo invirtiendo. Demasiadas opciones, demasiada imprevisibilidad diaria, y demasiado riesgo. Prefiero guardar mi dinero en una caja de cartón debajo de la cama que colocarlo en algún fondo de inversión en el que podría perderlo. La primera vez que compré acciones, apenas me arriesgué. Elegí un par de inversiones a largo plazo que parecían buenas porque se trataba de marcas importantes y traté de dejarlo ahí.

Sin embargo, me pudo la curiosidad. Comprobaba frenéticamente a diario cómo iban mis acciones. ¿Subían un dólar? ¡Vaya éxito! ¿Bajaban treinta y cinco centavos al día siguiente? Me sentía absolutamente abatido y me planteaba no volver a invertir nunca más.

No hace falta decir que necesitaba ayuda. Así que cuando llegó el momento de poner dinero en mi plan de pensiones, elegí algunos fondos seguros que rastrean el mercado de valores.

Poco después, Vanguard, la sociedad que gestiona mi plan de jubilación, me envió un breve correo electrónico preguntándome si me gustaría recibir su boletín informativo mensual, *MoneyWhys*. Como la mayoría de la gente, trato de evitar suscribirme a listas de correo, pero aquélla parecía realmente útil. Consejos fiscales de último minuto, respuestas a preguntas habituales sobre inversiones, y una respuesta (o, al menos, una opinión) sobre la eterna pregunta de si el dinero puede comprar la felicidad. Me suscribí.

Ahora, una vez al mes, Vanguard me envía un breve correo electrónico con información útil sobre gestión financiera. Un mes se trata de información acerca de la cobertura real del seguro de hogar. Otro, ofrece consejos sobre cómo utilizar tu ordenador para controlar tus finanzas.

Francamente, no me leo todos los correos (lo siento, Vanguard), pero acabo reenviando muchos de los que sí leo a conocidos a los que creo que les pueden ser de utilidad. Envié la información sobre el seguro de hogar a un colega que acababa de comprarse una casa y otro sobre cómo controlar las finanzas a un amigo que quiere ser más responsable en el aspecto fiscal. Vanguard compila sus conocimientos en un mensaje breve y conciso, y su valor práctico me llevó a transmitirlo. Y, al mismo tiempo, hago correr la voz acerca de Vanguard y sus conocimientos sobre inversiones.

Por tanto, la información útil es otra forma de valor práctico. Ayudar a la gente a hacer lo que quiere hacer, o animarla a hacer lo que debería hacer. De manera más rápida, mejor y más sencilla.

Como vimos en el capítulo de las emociones, nuestro análisis de la lista de artículos más compartidos de *The New York Times* demostró que los de salud y educación eran algunos de los que se compartían más. Las recetas y las críticas de restaurantes también se difundían mucho. Una de las razones es que estos artículos proporcionan información útil. La sección de salud propone soluciones para personas con problemas de pérdida de audición y técnicas para mejorar el estado mental en la madurez. La sección de educación recoge programas útiles para adolescentes y da información acerca del proceso de admisión en la universidad. Compartir estos contenidos con otros les permite comer, vivir y aprender mejor.

Fíjate en los contenidos que has recibido por correo electrónico durante los últimos meses y verás patrones parecidos. Artículos sobre las mejores marcas de protectores solares según *Consumer Reports*, consejos para recuperarte rápidamente después de hacer ejercicio, o trucos para decorar calabazas cuando se acerca Halloween. Todo eso son cosas útiles. Los consejos prácticos son consejos susceptibles de ser compartidos.

Al plantearnos por qué determinados contenidos útiles se comparten más, cabe señalar un par de puntos. La primera cuestión clave es cómo se presenta la información. Vanguard no envía un correo farragoso de cuatro páginas con veinticinco consejos y sus correspondientes vínculos a páginas web sobre quince temas diferentes. Envía una breve página, con un artículo principal y tres o cuatro vínculos. Resulta sencillo ver cuáles son los temas principales y, si quieres saber más, basta con hacer clic en los vínculos. Muchos de los artículos más virales de *The New York Times* tienen una estructura parecida. Cinco maneras de perder peso. Diez trucos para ligar el nuevo año. La próxima vez que estés haciendo cola en la caja del supermercado, echa una ojeada a las revistas y verás que la idea es la misma. Listas breves sobre un tema central.

Un fabricante de cosméticos crea una aplicación útil para teléfonos inteligentes destinada a personas que viajan por motivos laborales. Además de proporcionar información sobre el tiempo, también ofrece información profesional sobre el cuidado de la piel adaptada a las condiciones meteorológicas locales. La humedad, la lluvia y la calidad del aire afectan a la piel y al cabello, así que la aplicación te indica cómo actuar correctamente. Esta información valiosa desde un punto de vista práctico no sólo es útil, sino que demuestra el conocimiento y la profesionalidad de la empresa en su campo.

El segundo punto clave es la audiencia. Algunas historias o informaciones tienen una audiencia más amplia que otras. Al menos en Estados Unidos, hay más aficionados al fútbol que al waterpolo. Igualmente, es probable que tengas más amigos a los que les gusten los restaurantes americanos que los etíopes.

Pensarás que los contenidos con más audiencia son más susceptibles de ser compartidos. Un artículo sobre fútbol debería de compartirse más que uno sobre waterpolo, y una crítica sobre un nuevo restaurante americano debería de difundirse más que una crítica sobre un restaurante etíope. Al fin y al cabo, la gente tiene muchos más amigos con los que podría compartir el artículo, así que, ¿no debería acabar llegando a mucha más gente en general?

El problema de esta presuposición, sin embargo, es que, el simple hecho de que la gente pueda compartir con más gente, no quiere decir que lo haga. De hecho, es posible que los contenidos más reducidos sean más compartidos, porque a la gente le recuerdan a un amigo o a un familiar concreto y hacen que se sienta obligada a transmitirlo. Puede que tengas muchos amigos aficionados al fútbol o a los restaurantes americanos. Sin embargo, al haber tantas personas interesadas en esa clase de cosas, cuando te topas con algún contenido relacionado con esos temas no te viene a la mente ninguna persona en concreto. En cambio, puede que sólo tengas un amigo interesado en los restaurantes etíopes o en el waterpolo, y si lees un artículo sobre esos temas inmediatamente piensas en él. Y dado que parece extraordinariamente perfecto para esa persona en concreto, te parece que lo tienes que compartir.

De modo que, aunque los contenidos relevantes para más personas puedan compartirse más, los contenidos claramente relevantes para una audiencia más limitada pueden acabar siendo más virales.

Una nota sobre la verdad

Es posible que hayas oído que las vacunas provocan autismo. En ese caso no estás solo. En 1998, se publicó un artículo en una revista médica que sugería que la inmunización contra el sarampión, las paperas y la rubeola podía provocar autismo en los niños. Las noticias relacionadas con la salud se difunden rápidamente, especialmente cuando hacen referencia a los niños, y al poco tiempo mucha gente hablaba de las contraindicaciones potenciales de las vacunas. En consecuencia, los índices de vacunación infantil disminuyeron.

Todo esto estaría muy bien si la relación entre vacunas y autismo fuese cierta. Pero no lo es. No existe ninguna prueba científica de que las vacunas provoquen autismo. El artículo original resultó ser un fraude. El médico que lo escribió había manipulado pruebas, aparentemente debido a un conflicto de intereses, y tras ser declarado culpable de una falta de ética profesional grave, perdió su licencia para el ejercicio de la medicina. Sin embargo, a pesar de que su afirmación era falsa, mucha gente la difundió.

La razón es el valor práctico. La gente no pretendía transmitir una información falsa, simplemente había oído algo que consideraba útil y quería que los hijos de los demás estuvieran a salvo. No obstante, muchas personas no habían oído la noticia de que el informe original había sido desmentido, por lo que continuaron divulgando una información incorrecta. Nuestro deseo de compartir cosas útiles es tan poderoso que puede hacer que triunfen incluso las ideas falsas. En ocasiones, el deseo de ayudar resulta contraproducente.

Así que, la próxima vez que alguien te hable de una cura milagrosa, o te advierta de los riesgos que comportan para la salud determinados alimentos o conductas, trata de verificar la información de forma independiente antes de transmitirla. La información falsa puede extenderse tan rápidamente como la verdadera.

El valor práctico tiene que ver con ayudar. Este capítulo trata de la mecánica del valor y la psicología de las ofertas, pero es importante recordar en primer lugar por qué la gente comparte ese tipo de información. A las personas les gusta ayudarse unas a otras. Nos complicamos la vida para dar consejos o enviar información a los demás para que estén mejor. Evidentemente, en parte puede tratarse de un acto egocéntrico. Creemos que tenemos razón y no podemos evitar meter baza en las vidas de los demás. Pero no sólo se trata de eso. También es un acto altruista debido a la bondad inherente de las personas. Nos preocupamos por los demás y queremos que sus vidas sean mejores.

De los seis principios del contagio que tratamos en el libro, probablemente el del valor práctico sea el más fácil de aplicar.

Algunos productos e ideas ya representan mucha moneda social, pero expresarla en un vídeo de una batidora requiere cierta energía y creatividad. Saber cómo crear activadores también requiere cierto esfuerzo, igual que provocar emoción. Sin embargo, encontrar valor práctico no es difícil. Prácticamente cualquier producto o idea imaginable tiene alguna utilidad. Ya sea porque hacen que la gente ahorre dinero, sea más feliz, mejore su salud, o ahorre tiempo, se trata de información útil. De modo que entender por qué la gente se siente atraída por nuestro producto o idea nos permitirá apreciar bastante bien su valor práctico subyacente.

Lo más complicado es destacar entre la confusión. Hay muchos restaurantes buenos y muchas páginas web útiles, así que tenemos que hacer que nuestro producto o nuestra idea destaquen. Tenemos que resaltar un valor increíble y utilizar la regla del cien. Como Vanguard, tenemos que presentar nuestros conocimientos y competencia de manera que la gente nos conozca mientras los divulga. Tenemos que dejar claro por qué nuestro producto o idea es tan útil que la gente tiene que hacer correr la voz. Información útil.

Capítulo 6
Historias

La encarnizada guerra se había prolongado durante diez largos años y no se veía el final. Ulises ideó un astuto plan para poner fin al infructuoso asedio. Los griegos construyeron un gigantesco caballo de madera y escondieron a sus guerreros en su interior. El resto del ejército zarpó, fingiendo regresar a su tierra y abandonando tras de sí al caballo gigante en la playa.

Los troyanos descubrieron el caballo y lo arrastraron a Troya como símbolo de su victoria. Ataron cuerdas alrededor del cuello del animal y docenas de hombres colocaron rodillos enormes bajo el caballo para sacarlo poco a poco de la playa. Otros se dedicaron a retirar el portón para poder introducir la monstruosa escultura dentro de las murallas de la ciudad.

Una vez dentro, los troyanos celebraron el final del conflicto que se había prolongado durante una década. Decoraron los templos con plantas, desenterraron las jarras del vino sagrado, y bailaron regocijándose por el fin de la terrible contienda.

Sin embargo, aquella noche, cuando la ciudad dormía inconsciente el sueño de su borrachera, los griegos salieron de su escondite. Se deslizaron hasta el suelo, amordazaron a los centinelas, y abrieron los enormes portones de la ciudad. El resto de soldados del ejército griego regresó al abrigo de la oscuridad y se les unió enseguida, atravesando tranquilamente los mismos portones que habían asaltado infructuosamente durante tantos años.

La ciudad había podido soportar una década de batallas, pero no pudo resistir un ataque desde dentro. Una vez en el interior, los griegos arrasaron la ciudad, poniendo fin a la guerra de Troya.

La historia del caballo de Troya ha sido explicada durante miles de años. Los científicos y los historiadores calculan que la batalla tuvo lugar alrededor del año 1170 a.C., pero la historia no se escribió hasta muchos años después. Durante siglos, se transmitió oralmente como un poema épico recitado o cantado.

La historia es como un *reality show* moderno. Está plagada de peripecias que incluyen venganzas personales, adulterios y traiciones. Capta la atención del lector mediante una combinación de drama, romance y acción.

Pero el episodio del caballo de Troya tiene, además, un mensaje implícito: «Cuidado con los griegos que te hacen regalos». Una interpretación más genérica sería «nunca te fíes de tus enemigos, ni siquiera cuando parezcan amistosos». De hecho, es justamente cuando se muestren más abiertos cuando más debes desconfiar. De modo que la historia del caballo de Troya es algo más que una historia entretenida. También enseña una lección importante.

Con todo, si Homero o Virgilio se hubieran limitado a querer enseñar una lección a la gente, ¿no lo podrían haber hecho de una manera más eficaz? ¿No podrían haber ido directamente al grano en lugar de escribir un poema épico de cientos de versos?

Por supuesto. Pero ¿habría tenido el mismo impacto? Probablemente no.

Al enmarcar la lección dentro de una historia, aquellos escritores clásicos se aseguraban de que se transmitiese y, tal vez, de que fuese creída más incondicionalmente que si la lección se hubiera expresado con palabras llanas y simples. Ello se debe a que las personas no piensan en términos de información. Piensan en términos de narración. No obstante, mientras la gente se centra en la historia en sí, la información se transmite.

Historias como recipientes

Las historias son la forma más antigua de entretenimiento. Imagínate que eres un ciudadano griego en el año 1000 a.C. No había internet, canal deportivo, ni telediario. No había radio ni periódicos. Así que si querías entretenimiento, las historias eran la mejor manera de conseguirlo. El caballo de Troya, la *Odisea*, y otras historias famosas eran el entretenimiento de la época. La gente se congregaba alrededor del fuego o en un anfiteatro para oír esas narraciones épicas una y otra vez.

Las narraciones son inherentemente más fascinantes que los hechos. Tienen planteamiento, nudo y desenlace, y si la gente queda atrapada pronto, se queda para saber cómo acaban. Cuando escuchas a alguien contar una buena historia te fijas en cada palabra. Quieres saber si perdieron el avión o qué hicieron en una casa llena de niños gritones de nueve años. Has tomado un sendero y quieres saber dónde acaba. Hasta entonces, han captado tu atención.

Hoy en día, hay miles de oportunidades para el entretenimiento, pero nuestra tendencia a contar historias permanece. Nos reunimos alrededor de la consabida fogata —actualmente la máquina del café o las veladas de chicos o chicas— y contamos historias, ya sea sobre nosotros mismos y sobre cosas que nos han pasado últimamente, o sobre amigos o gente conocida.

Las personas cuentan historias por las mismas razones por las que se produce el boca a boca. Algunas historias representan moneda social. La gente explica la historia de meterse en la cabina telefónica para entrar en el Please Don't Tell porque les hace parecer guais y enterados. Otras historias están impulsadas por la emoción (excitación). La gente explica la historia de los vídeos de la batidora porque les asombra que una batidora pueda triturar objetos como un iPhone. El valor práctico también está presente. La gente explica la historia de cómo los perros de su vecino enfermaron tras comer un determinado juguete de goma porque no quiere que tu perro corra el mismo destino.

Las personas están tan habituadas a explicar historias que crean narraciones incluso cuando realmente no las necesitan. Pensemos, por ejemplo, en las críticas de internet. Se supone que tienen que versar sobre características de productos. Cómo funciona una nueva cámara digital y si el zoom es tan bueno como dice el fabricante. Sin embargo, el contenido básicamente informativo acaba a menudo enmarcado en una narración.

Mi hijo acababa de cumplir ocho años, así que el pasado julio planeamos viajar por primera vez a Disney World. Necesitábamos una cámara digital para captar la experiencia, así que compramos esta porque nos la recomendó un amigo. El zoom era buenísimo. Pudimos hacer fotos nítidas del castillo de la Cenicienta incluso desde lejos.

Como sucede con la del caballo de Troya, las historias son más de lo que parecen. Está claro, la cubierta exterior de una historia —lo que podríamos llamar el argumento superficial— capta tu atención y despierta tu interés. Pero, quítale el exterior y habitualmente encontrarás algo oculto en su interior. Bajo los amantes desventurados y los héroes extraordinarios, habitualmente hay algo más que se quiere transmitir.

Las historias explican cosas. Una lección o una moraleja. Información o mensajes prácticos. Pensemos, por ejemplo, en la famosa historia de «Los tres cerditos». Tres hermanos dejan su casa y salen al mundo en busca de fortuna. El primer cerdito construye rápidamente una casa de paja. El segundo utiliza madera. Los dos montan sus casas lo antes posible para poder holgazanear y jugar el resto del día. El tercer cerdito, sin embargo, es más disciplinado. Dedica tiempo y esfuerzo a construir una casa de ladrillos, mientras sus hermanos se están divirtiendo por ahí.

Una noche, aparece un lobo malo buscando algo de comer. Va a la casa del primer cerdito y dice esas palabras que tanto les gustan a los niños pequeños: «cerdito, cerdito, déjame entrar». Cuando el cerdito dice que no, el lobo sopla y derriba la casa. Hace lo mismo con la casa de madera. Sin embargo, cuando el lobo intenta hacer lo propio con la casa del tercer cerdito, no puede. Sopla y resopla, pero no puede destruir la casa porque está hecha de ladrillo.

Y esa es la moraleja de la historia. El esfuerzo tiene su recompensa. Tómate tiempo para hacer las cosas bien. Puede que al principio no sea tan divertido, pero verás que al final vale la pena.

Las lecciones o moralejas también están incorporadas en otros miles de cuentos de hadas, fábulas y leyendas urbanas. «Pedro y el lobo» advierte de los peligros de mentir. «La cenicienta» demuestra que ser bueno con los demás tiene su recompensa. Las obras de Shakespeare proporcionan valiosas lecciones sobre carácter y relaciones, poder y locura, amor y guerra. Son lecciones complejas, pero, no obstante, instructivas.

Las historias cotidianas que nos explicamos cada día también contienen información. Por ejemplo, la historia del abrigo que mi primo se compró en Lands' End. Se había mudado de California a la costa Este hacía un par de años y, para estar preparado para pasar su primer invierno de verdad, fue a unos lujosos almacenes y se compró un bonito abrigo. Era uno de esos abrigos de lana de tres cuartos que los hombres suelen ponerse encima del traje. Le sentaba bien, el color era perfecto, y mi primo se sentía como un atildado caballero inglés.

Sólo había un problema. No abrigaba bastante. Era magnífico cuando la temperatura exterior era entre cero y diez grados, pero cuando bajaba más, el frío penetraba en él y le calaba los huesos.

Tras pasar un invierno con un aspecto excelente pero congelándose cada día, decidió que era hora de comprarse un verdadero abrigo para el invierno. Decidió incluso ir a saco y comprarse uno de esos anoraks de plumas que hacen que parezca que vas metido en un saco de dormir; el tipo de abrigo que se ve constantemente en el Este y el Medio Oeste, pero nunca en California. Así que se metió en internet, encontró una gran oferta en Lands' End y se compró un anorak térmico adecuado para soportar temperaturas de hasta $-34\ ^{\circ}C$. Abrigaba lo suficiente para soportar incluso el invierno más frío de la costa Este.

A mi primo le encantaba, y realmente abrigaba muchísimo. Sin embargo, a mitad del invierno, se le rompió la cremallera rasgándole el forro. Estaba desesperado. Había comprado el abrigo hacía sólo unos meses y ya estaba roto. ¿Cuánto le costaría arreglarlo? ¿Cuánto tendría que esperar hasta que lo reparasen? Era mediados de enero, una mala época para ir por ahí sin un abrigo de invierno.

De modo que llamó a Lands' End. Preguntó cuánto le costaría el arreglo y cuánto tardarían en entregárselo.

Mi primo se esperaba una respuesta fría como las que estaba acostumbrado a recibir del personal encargado de los servicios posventa. Siempre parece que la culpa sea del cliente. El personal acostumbra a decir que siente mucho que el producto o el servicio no vayan bien, pero que no es culpa suya. No está en garantía o has hecho algo que no entra dentro de lo que se considera un uso normal. No obstante, estarán encantados de arreglártelo por el doble del precio del producto, o de enviar a alguien para que le eche una mirada. Tienes que quedarte en casa durante tres horas en las que puede que aparezcan o no. Ah, y por cierto, el guión escrito por los asesores de la marca les recuerda que te digan que realmente agradecen tu compra.

Sin embargo, para su sorpresa, la persona del servicio al cliente de Lands' End que le atendió le dijo algo totalmente diferente. «¿Reparar? —le dijo—. Le enviaremos uno nuevo por correo.» «¿Cuánto me va a costar», preguntó nervioso mi primo. «Es gratis —respondió la mujer—, y se lo enviaremos en un plazo de dos días para que no tenga que esperar. Este invierno es demasiado frío para ir con un abrigo roto.»

¿Una sustitución gratuita inmediata si un artículo se rompe? ¡Vaya! Es algo casi insólito en esta época en la que «el cliente nunca tiene razón». Un servicio al cliente magnífico. Un servicio al cliente como Dios manda. Mi primo quedó tan impresionado que tuvo que compartir lo que le había sucedido.

La experiencia de mi primo es una historia bonita, pero si nos fijamos bien también contiene una enorme cantidad de información útil oculta en la narración: (1) los abrigos pueden ser muy bonitos, pero no abrigan lo suficiente en los crudos inviernos de la costa Este. (2) Los anoraks hacen que parezcas una momia, pero vale la pena ponértelos si no quieres pasar frío. (3) Lands' End tiene unos anoraks que abrigan mucho. (4) También tiene un servicio al cliente magnífico. (5) Si hay algún problema, lo solucionan. Éstos son solamente algunos de los datos útiles que están entretejidos en una historia aparentemente sencilla.

Lo mismo sucede con la mayoría de historias que nos cuentan. Cómo evitamos un atasco de tráfico o cómo en la lavandería lograron limpiarnos la camisa blanca manchada de aceite dejándola como nueva. Estas historias contienen información útil: una buena ruta que podemos tomar si hay retenciones en la autopista; una buena lavandería si necesitas que te limpien manchas difíciles.

Las historias, por tanto, pueden actuar como recipientes que ayudan a transmitir la información a los demás.

Aprender de las historias

Las historias son una fuente importante de aprendizaje cultural que nos ayuda a entender el mundo. A alto nivel, el aprendizaje puede hacer referencia a las reglas y criterios de un grupo o de una sociedad. ¿Cómo debería comportarse un buen empleado? ¿Qué significa ser una persona con moral? O, a un nivel más básico: ¿quién es un buen mecánico que no te va a cobrar más de la cuenta?

Aparte de las historias, pensemos de qué otras maneras puede la gente obtener esa información. El método de prueba y error podría funcionar, pero es extremadamente costoso y requiere mucho tiempo. Imagínate que para encontrar un mecánico honrado tuvieses que llevar tu coche a una docena de talleres diferentes de la ciudad y te lo tuvieran que arreglar en cada uno de ellos. Sería agotador (y caro).

Alternativamente, la gente podría probar con la observación directa, pero eso también resulta complicado. Tendrías que tratar de engatusar a los mecánicos de los diferentes talleres y convencerles de que te dejasen ver su trabajo y te dijesen cuánto cobran. Imagínate lo que pasaría.

Por último, la gente podría obtener información de la publicidad. Sin embargo, los anuncios no siempre son de fiar y, por lo general, las personas son escépticas ante los intentos de persuasión. La mayoría de anuncios de talleres mecánicos te dirán que sus precios son magníficos y que trabajan muy bien, pero, si no lo compruebas, es difícil saberlo con seguridad.

Las historias resuelven este problema. Proporcionan una forma rápida y fácil de obtener mucha información de manera intensa y atractiva. Una buena historia sobre un mecánico que arregló un problema sin cobrar excesivamente vale más que un montón de observaciones y años de pruebas y errores. Las historias ahorran tiempo y problemas y proporcionan a la gente lo que necesita de manera fácil de recordar.

Puede decirse que las historias proporcionan pruebas por analogía. No hay forma de estar seguro de que si compro algo en Lands' End vaya a recibir el mismo servicio al cliente maravilloso que mi primo. Sin embargo, el mero hecho de que le sucediera a alguien que es como yo, me hace pensar que hay bastantes probabilidades de que me suceda a mí también.

A diferencia de lo que sucede con las afirmaciones publicitarias, es menos probable que la gente ponga en duda las historias. Lands' End podría decirnos que tiene un excelente servicio de atención al cliente, pero, como hemos visto anteriormente, el hecho de que pretendan vender algo hace difícil que les creamos. Las historias personales son más difíciles de rebatir. En primer lugar, resulta difícil no estar de acuerdo con algo concreto que le ha sucedido a una persona concreta. ¿Qué le van a decir a mi primo: «No, creo que estás mintiendo. No es posible que en Lands' End sean tan simpáticos»? Seguramente no. En segundo lugar, estamos tan atrapados por la historia de lo sucedido que no disponemos de los recursos cognitivos para discutirlo. Estamos tan metidos en la narración que no tenemos energía para cuestionar lo que nos cuentan. Así que, al final, es mucho más probable que nos convenzan.

A las personas no les gusta parecer anuncios andantes. La cadena de bocadillos Subway ofrece siete bocadillos con menos de seis gramos de grasa. No obstante, nadie va a ir a ver a un amigo y soltarle esa información. No sólo sería raro, sino que estaría fuera de contexto. Sí, esa información es valiosa desde un punto de vista práctico si alguien está intentando perder peso, pero, a menos que la pérdida de peso sea el tema de conversación, o la situación actúe como activador para que la gente piense en formas de perder peso, no lo van a sacar a colación. Así que el hecho de que Subway tenga una serie de bocadillos bajos en grasa no es algo que vaya a salir habitualmente en la conversación.

Esto contrasta con la historia de Jared. Jared Fogle perdió ciento once kilos comiendo bocadillos de Subway. Los malos hábitos alimentarios y la falta de ejercicio habían hecho que Jared llegase a pesar ciento noventa y dos kilos cuando estaba en la universidad. Pesaba tanto que al escoger las asignaturas no se basaba en si le gustaba o no el programa, sino en función de si la clase disponía de asientos lo suficientemente amplios para que pudiera estar cómodo. Sin embargo, después de que su compañero de habitación le dijera que su salud se estaba resintiendo, Jared decidió hacer algo. Empezó una «dieta Subway»: casi cada día se comía un bocadillo vegetal de 30 centímetros para comer y otro de pavo de 15 centímetros para cenar. Tres meses después de seguir este régimen autoimpuesto había perdido cerca de 45 kilos. Pero no se detuvo ahí. Jared continuó con su dieta. Al poco tiempo, su talla de pantalones había pasado de ser enorme a normal. Perdió peso y se lo debía agradecer a Subway.

La historia de Jared es tan interesante que la gente la explica incluso aunque no esté hablando de adelgazar. La cantidad de kilos que perdió es impresionante, pero más asombroso aún es que los perdiera comiendo bocadillos de Subway. ¿Un tipo puede perder ciento once kilos comiendo eso? El resumen basta para atraer a la gente.

La historia se comparte por muchas de las razones de las que hablamos en los capítulos anteriores. Es extraordinaria (moneda social), provoca sorpresa y asombro (emoción), y proporciona información útil sobre comida rápida sana (valor práctico).

No obstante, aunque la gente no hable de Jared para favorecer a Subway, Subway sale beneficiada porque es parte de la narración. Los oyentes conocen la historia de Jared, pero, al mismo tiempo, conocen la cadena Subway. Se enteran de que (1) aunque Subway pueda parecer comida rápida, realmente ofrece muchas opciones saludables, (2) tan saludables que se puede perder peso comiéndolas, (3) mucho peso. Además, (4) alguien podría comer básicamente bocadillos de Subway durante tres meses o más. De manera que la comida debe de ser bastante buena. Los oyentes se enteran de todas estas cosas de Subway, aunque la gente cuente la historia refiriéndose a Jared.

Y esta es la magia de las historias. La información viaja bajo la forma de lo que parece una charla insustancial.

Construir un caballo de Troya

Por consiguiente, las historias proporcionan a la gente una manera fácil de hablar de productos e ideas. Puede que Subway tenga bocadillos bajos en grasa y que Lands' End tenga un magnífico servicio posventa, pero si no hay activadores en una conversación, la gente necesita una razón para sacar el tema. Las buenas historias ofrecen esa razón. Proporcionan una especie de cobertura psicológica que permite a las personas hablar de un producto o de una idea sin que parezca que se trata de un anuncio.

De manera que, ¿cómo podemos utilizar las historias para que la gente hable?

Tenemos que construir nuestro propio caballo de Troya, una narración que la gente divulgue y, al mismo tiempo, le haga hablar de nuestro producto o idea.

Tim Piper no tenía hermanas. Cuando creció, fue a una escuela masculina. Así que siempre había considerado ridículo que muchas de sus novias tuvieran problemas de belleza. Siempre les preocupaba que su cabello fuera demasiado liso, sus ojos demasiado claros o su complexión no lo suficientemente esbelta. Piper no lo entendía. A él le parecían bastante guapas.

Sin embargo, tras entrevistar a docenas de chicas, Piper empezó a darse cuenta de que la culpa era de los medios de comunicación. Desde muy temprana edad, la publicidad, y los medios de comunicación en general, convencían a las jóvenes de que tenían algún defecto. Tenían que arreglarlo. Y tras años de ser bombardeadas con esos mensajes, las mujeres se los empezaban a creer.

¿Qué podría ayudar a las mujeres a ser conscientes de que esos anuncios eran mentira? ¿Que las imágenes que se mostraban no reflejaban la realidad?

Una noche cayó en la cuenta cuando su novia de entonces se estaba maquillando para salir. Comprendió que las chicas tenían que ver el antes con anterioridad al después. El aspecto de las modelos antes del maquillaje, la peluquería, los retoques y el Photoshop que las hacían parecer «perfectas».

Así que hizo un breve vídeo.

Stephanie mira fijamente a la cámara y asiente indicando que está lista para empezar. Es guapa, pero no tanto como para destacar entre una multitud. Su cabello es rubio oscuro, escalado y relativamente liso. Su piel es bonita, pero con unas cuantas manchas. Podría ser cualquiera; tu vecina, tu amiga o tu hija.

Se enciende una luz brillante y empieza el proceso. Vemos como artistas maquilladores oscurecen los ojos de Stephanie y resaltan sus labios con brillo. Le aplican una base de maquillaje y colorete para colorear sus mejillas. Le arreglan las cejas y le alargan las pestañas. Le moldean, le cardan y le peinan el cabello.

A continuación, aparece el fotógrafo con su cámara. Hace un montón de fotos. Hay ventiladores encendidos para que su pelo parezca alborotado de manera natural. Stephanie va sonriendo y mirando provocativamente a la cámara. Al final, el fotógrafo consigue una foto que le gusta.

Pero conseguir la foto perfecta es sólo el principio. A continuación viene el Photoshop. La imagen de Stephanie es introducida en un ordenador y empieza a modificarse ante nuestros ojos. Sus labios se vuelven más gruesos, su cuello se hace más delgado y alargado, sus ojos más grandes. Esas son sólo algunas de las muchas modificaciones que se llevan a cabo.

Ahora estamos ante la foto de una supermodelo. La cámara se aleja y vemos que la imagen ha sido colocada en una valla publicitaria de una marca de maquillaje. Hay un fundido en negro y aparece un mensaje escrito en pequeñas letras blancas. «No es de extrañar que nuestra concepción de la belleza esté distorsionada.»

Vaya. Es un vídeo impactante. Un magnífico recordatorio de la realidad que hay detrás de la cámara en la industria de la belleza.

Pero, además de ser un excelente tema de conversación, también es un ingenioso caballo de Troya.

Los medios de comunicación en general, y la industria de la belleza en particular, tienden a mostrar una imagen sesgada de las mujeres.

Habitualmente, las modelos son altas y delgadas. Las revistas muestran mujeres con complexiones perfectas y dientes impecables. Los anuncios afirman que sus productos pueden transformarte en una versión mejor de ti misma. Un rostro más joven, unos labios más carnosos y una piel más suave.

Como es lógico, esos anuncios tienen un impacto enormemente negativo en la forma en que las mujeres se ven a sí mismas. Sólo el dos por ciento de las mujeres se consideran bellas. Más de dos tercios creen que los medios de comunicación han establecido unos cánones de belleza irreales que nunca podrán alcanzar, por mucho que lo intenten. Esta sensación de no alcanzar las expectativas afecta incluso a las chicas más jóvenes. A las chicas morenas les gustaría ser rubias. Las pelirrojas odian sus pecas.

El vídeo de Piper, titulado *Evolution* (Evolución), ofrece una mirada entre bastidores para mostrar cómo se elaboran las imágenes con las que nos bombardean cada día. Le recuerda a la gente que esas mujeres de aspecto impresionante no son reales. Son fantasías, ficciones ligeramente basadas en personas reales. Inventadas utilizando toda la magia que puede proporcionar la edición digital. El vídeo es tan crudo e impactante como provocador de reflexión.

Sin embargo, el vídeo no está patrocinado ni por ciudadanos preocupados ni por un grupo de control de la industria. Piper realizó el vídeo en colaboración con Dove, la empresa fabricante de productos de salud y belleza como parte de su «Campaña por una belleza real». Este fue el primer intento de Dove por ensalzar los cambios físicos naturales que todos experimentamos e inspirar a las mujeres para que se sientan cómodas y seguras de sí mismas. En otro anuncio de jabón aparecían mujeres reales de todas las complexiones y tallas, en lugar de las habituales modelos delgadísimas que la gente está acostumbrada a ver.

Como era de esperar, la campaña provocó una gran polémica. ¿Qué significa ser hermosa? ¿Cómo dan forma los medios de comunicación a estas percepciones? ¿Qué podemos hacer para mejorar la situación?

La campaña provocó algo más que simple controversia. Además de hacer que el tema fuera más público y de proporcionarle a la gente una excusa para hablar de un tema que de otro modo habría sido privado, la campaña hizo que pensaran y hablaran de Dove. La empresa recibió elogios por utilizar a personas reales en sus campañas publicitarias y por conseguir que la gente hablara de este complicado pero importante tema. Y *Evolución*, cuyo coste fue de poco más de cien mil dólares, recibió más de dieciséis millones de visitas y le reportó a la empresa un beneficio neto de cientos de millones de dólares en visibilidad. El vídeo ganó numerosos premios de la industria y multiplicó por más de tres las visitas a su página web durante el anuncio de Dove de la Super Bowl de 2006. Además, Dove experimentó un crecimiento de sus ventas de dos dígitos.

Evolución tuvo gran difusión porque Dove logró que la gente hablara de algo de lo que quería hablar: los cánones de belleza irreales. Es un tema muy emotivo, pero tan controvertido que, de no ser por el anuncio, la gente no se habría atrevido a sacar. *Evolución* lo sacó a la luz. Le permitió a la gente airear sus preocupaciones y pensar en posibles soluciones. Y, al mismo tiempo, la marca se vio beneficiada. Dove logró que la gente iniciara una conversación sobre los cánones de belleza, pero la marca estaba incorporada en el debate.

Al crear una historia emotiva, Dove creó un recipiente en el que estaba incluida su marca.

Y esto nos lleva a la historia de Ron Bensimhon.

Hacer de la viralidad algo valioso

El 16 de agosto de 2004, el canadiense Ron Bensimhon se despojó cuidadosamente de su pantalón de chándal y se acercó al borde del trampolín de tres metros. Había saltado desde esa altura muchas veces, pero nunca durante un evento de tal magnitud. Eran los Juegos Olímpicos de Atlanta. El mayor escenario del mundo del deporte y la cúspide de la competición atlética. Sin embargo, Ron no parecía anonadado. Dejó los nervios a un lado y levantó las manos por encima de la cabeza. Mientras la multitud gritaba entusiasmada, saltó del trampolín y cayó en plancha.

¿En plancha? ¿En las olimpiadas? Ron debía de estar hecho polvo. Sin embargo, cuando salió a la superficie, parecía tranquilo, incluso feliz. Nadó un poco, sobreactuando para que el público le viera, y se dirigió al borde de la piscina, donde fue recibido por un grupo de oficiales de los Juegos Olímpicos y guardas de seguridad.

Ron se había colado en la olimpiada. En realidad no formaba parte del equipo canadiense de salto de trampolín. De hecho, ni siquiera era un atleta olímpico. Era el autoproclamado *streaker* más famoso del mundo, y había irrumpido en los juegos como parte de un ardid publicitario.

Cuando Ron saltó del trampolín no estaba desnudo, pero tampoco llevaba bañador. Llevaba un tutú azul y medias blancas de lunares. Sobre su pecho estaba estampado el nombre de un casino de internet, GoldenPalace.com.

Aquél no era el primer ardid publicitario de GoldenPalace.com, aunque la empresa declaró que Ron había realizado el número sin su conocimiento. En 2004, pujó veintiocho mil dólares en eBay por un sándwich tostado en el que alguna gente creía ver una imagen de la Virgen María. En 2005 entregó quince mil dólares a una mujer a condición de que cambiara su nombre por el de GoldenPalace.com. Sin embargo, el número del «tonto de la piscina», como se le llamó a Bensimhon, fue uno de los mejores. Había millones de personas mirando, y la historia fue recogida por los servicios de noticias de todo el mundo. Asimismo, generó muchísimo boca a boca. ¿Alguien se había colado en los Juegos Olímpicos y había saltado a la piscina vestido con un tutú? Vaya historia. Muy sorprendente.

Sin embargo, a medida que iban pasando los días, la gente no hablaba del casino. Evidentemente, algunas de las personas que vieron el salto de Bensimhon entraron en su página web para ver de qué iba la cosa. Pero la mayoría de la gente que compartió la historia hablaba del numerito, no de la página web. Hablaban de si la interrupción había perjudicado a los saltadores chinos que saltaron mal justo después y perdieron la medalla de oro. Hablaban de la seguridad de los Juegos Olímpicos y de cómo alguien podía haberse colado con tanta facilidad en un evento tan importante. Y hablaban del juicio que tendría que afrontar Bensimhon y de si iría a la cárcel.

De lo que no hablaban era de GoldenPalace.com. ¿Por qué?

Los expertos en marketing hablan del «tonto de la piscina» como de uno de los peores fracasos del marketing de guerrilla de todos los tiempos. Habitualmente lo ridiculizan por haber interrumpido la competición y arruinar el momento para el que los atletas llevaban toda la vida entrenando. También señalan que conllevó la detención y la multa de Bensimhon. Todas ésas son buenas razones para considerar la caída en plancha de Bensimhon un planchazo.

Sin embargo, me gustaría añadir otra más a la lista. El número no tenía nada que ver con el producto que pretendía promocionar.

Sí, la gente hablaba del número, pero no del casino. Las medias de topos, los tutús y colarse en los Juegos Olímpicos son ingredientes excelentes para una historia. Por eso la gente hablaba de ellos. De modo que, si el objetivo era que la gente pensara más en la seguridad de los Juegos Olímpicos o fijara su atención en un nuevo modelo de medias, el número tuvo éxito.

No obstante, no tenía nada que ver con los casinos. Ni lo más mínimo. Así que la gente hablaba de la sorprendente historia pero sin mencionar al casino, porque era irrelevante. Tal vez mencionaban que Bensimhon estaba patrocinado por alguien, pero no mencionaban el casino, bien porque era tan irrelevante que se olvidaban, o bien porque no mejoraba la historia. Es como construir un magnífico caballo de Troya y olvidarse de poner algo dentro.

Al tratar de generar boca a boca, muchas personas se olvidan de un detalle importante. Se centran tanto en conseguir que la gente hable que pasan por alto la parte que realmente importa: de qué habla.

Ese es el problema de crear contenidos que no guardan relación con el producto o la idea que se pretende promocionar. Hay una gran diferencia entre que la gente hable de contenidos y que la gente hable de la empresa, la organización o la persona que creó esos contenidos.

El famoso vídeo de «los bebés patinadores» de Evian tuvo ese mismo problema. En él aparecen bebés en pañales haciendo piruetas con patines. Saltan unos por encima de otros, saltan vallas, y se mueven de manera sincronizada al ritmo de la canción *Rapper's Delight*. Está claro que los cuerpos de los bebés están animados, pero sus caras parecen reales, lo que hace que el vídeo resulte divertido. Recibió más de 50 millones de visitas, y el *Libro Guinness de los récords* lo declaró el anuncio más visto en la historia de internet.

Sin embargo, aunque se pudiera pensar que toda esa atención beneficiaría a la marca, no lo hizo. Ese mismo año, Evian perdió cuota de mercado y sus ventas cayeron casi un 25 por ciento.

¿El problema? Los niños patinadores son una monada, pero no tienen nada que ver con Evian. Así que la gente compartió el vídeo, pero la marca no se vio beneficiada.

La clave, por tanto, no consiste únicamente en hacer que algo sea viral, sino también en hacer que sea valioso para la empresa o la organización que promociona. No se trata sólo de viralidad, sino de viralidad valiosa.

Pensemos, por ejemplo, en el sándwich de cien dólares de Barclay Prime del que hablamos al principio del libro. Comparado con los bebés patinadores y el agua mineral, un sándwich de carne caro y lujoso y un restaurante caro y lujoso tienen claramente más relación. Y, además, el producto no era un simple ardid publicitario, era una opción real en el menú de Barclay. Por otra parte, hacía referencia directamente a lo que el restaurante quería que sus consumidores pensaran de su comida: de calidad, pero no convencional; generosa pero creativa.

La viralidad es más valiosa cuando el beneficio del producto o de la marca es parte integrante de la historia. Cuando está tan profundamente entretejido en la narración que la gente no puede explicar la historia sin mencionarlo.

Uno de mis ejemplos favoritos de viralidad valiosa es el de la empresa egipcia Panda, la cual elabora diferentes tipos de queso.

Los anuncios siempre empiezan de manera inocua: trabajadores hablando de lo que van a comer, o la enfermera de un hospital examinando a un paciente. En un anuncio, un padre está comprando en el supermercado con su hijo. «Papá, ¿por qué no compramos queso Panda?», pregunta el hijo al pasar por el pasillo de los lácteos. «¡Ya basta! —responde el padre—. Tenemos suficientes cosas en el carro.»

Entonces aparece el panda. O, mejor dicho, un hombre vestido de panda. La situación es absolutamente ridícula. Sí, un panda gigante aparece de repente en medio de un supermercado. En otro anuncio, el escenario es una oficina. En otro, una clínica.

En el vídeo del supermercado, el padre y el hijo se quedan mirando fijamente al panda, lógicamente anonadados. Mientras suena una canción de Buddy Holly, el padre y el hijo miran el queso Panda de la estantería y, a continuación, de nuevo al panda. Una y otra vez. El padre traga saliva.

Entonces, un pandemónium (perdón por el juego de palabras). El panda avanza lentamente hacia el carro, pone tranquilamente las manos a ambos lados y lo vuelca.

La comida sale volando por todas partes —pasta, conservas y líquidos por doquier—. Las miradas continúan entre el padre y el panda, cada uno en un extremo del carro. Se produce una larga pausa. Entonces, el panda pisotea con ganas la comida que hay en el suelo. Una voz dice «Nunca digas no a Panda», mientras una mano de panda muestra el producto en la pantalla.

El anuncio —y otros como este— está rodado de forma impecable y es muy gracioso. Se lo he enseñado a todo el mundo, desde estudiantes universitarios a ejecutivos financieros, y todos se ríen siempre hasta que les duelen los costados.

Sin embargo, hay que tener en cuenta que lo que hace que esos vídeos sean tan buenos no es únicamente que sean divertidos. El anuncio sería igual de gracioso si el tipo fuera vestido de pollo y el eslogan fuera «Nunca digas no a los coches usados de Jim». Alguien vestido de animal pateando comida resulta gracioso, independientemente de cuál sea el animal o el producto.

Tienen éxito —y son magníficos ejemplos de viralidad valiosa— porque la marca es parte integrante de las historias. Mencionar al panda forma parte de la conversación. De hecho, sería muy complicado no mencionar al panda y que la historia siguiera teniendo sentido (y mucho menos conseguir que la gente entendiera por qué es graciosa). De modo que la mejor parte de la historia y el nombre de la marca van íntimamente ligados. Eso no sólo aumenta las probabilidades de que la gente que explique la historia hable de la marca Panda, sino también de que recuerde de qué producto es el anuncio días o incluso semanas más tarde. El panda es parte integrante de la historia. Es un elemento esencial de la narración.

Lo mismo puede decirse de los vídeos de la campaña *¿Se molerá?* de Blendtec. Es imposible contar la historia de los anuncios en que la batidora tritura un iPhone sin hablar de la batidora. Y sin reconocer que la batidora Blendtec que aparece en los vídeos debe de ser extremadamente potente; tanto que puede triturar prácticamente todo. Eso es exactamente lo que Blendtec pretende comunicar.

Al tratar de crear contenidos contagiosos, la viralidad valiosa es indispensable. Ello significa hacer que la idea o el beneficio deseado sea parte clave de la narración. Es como la trama de una buena historia de detectives. Algunos detalles son esenciales a la narración y otros son superfluos. ¿Dónde estaban los diferentes sospechosos en el momento en que se produjo el crimen? Esencial. ¿Qué comía el detective para cenar mientras meditaba sobre los detalles del caso? No tan importante.

La misma distinción puede aplicarse a los contenidos de los que hemos hablado. Pensemos, por ejemplo, en el numerito de Ron Bensimhon en los Juegos Olímpicos. ¿Saltar a la piscina? Esencial. ¿GoldenPalace.com? Mucho más irrelevante.

La importancia de los diferentes tipos de detalles se hace aún más clara cuando la gente explica la historia que le han contado otros. Pensemos en la historia del caballo de Troya. Ha sobrevivido durante miles de años. Hay una narración escrita de la historia, pero gran parte de lo que la gente sabe de ella procede de lo que ha oído explicar a otros. Sin embargo, la gente no recuerda y explica detalles aleatoriamente. Los detalles esenciales perduran, mientras que los irrelevantes se olvidan.

Los psicólogos Gordon Allport y Joseph Postman estudiaron un tema parecido hace más de cincuenta años. Estaban profundamente interesados en lo que sucedía con los rumores a medida que pasaban de una persona a otra. ¿Permanecían las historias igual que habían sido transmitidas, o cambiaban? Y, si cambiaban, ¿había patrones predecibles acerca de la evolución de los rumores?

Para estudiar el tema hicieron que una serie de personas jugasen a lo que la mayoría de nosotros conocemos como el juego del teléfono. En primer lugar, se le mostraba a alguien una foto de una situación detallada; en un caso, un grupo de personas en un vagón del metro. Parece que se trata de un Avenue Express que pasa por Dyckman Street. En el tren hay varios anuncios y cinco personas están sentadas, incluidos una madre que sostiene a su bebé y un rabino. Sin embargo, la imagen se centra en dos hombres que se pelean. Están de pie, y uno amenaza al otro con un cuchillo.

Entonces empieza el juego del teléfono. Se le pide a la primera persona (transmisor) que describa la foto a otra (receptor) que no la puede ver. El transmisor transmite los detalles que cree convenientes. A continuación, el transmisor sale de la habitación y entra una nueva persona, la cual se convierte en el receptor, mientras que el anterior receptor se convierte en el transmisor que explica lo que sucedía en la imagen al receptor, el cual tampoco ha visto la foto. El primer receptor sale de la habitación, entra otra persona, y el juego se repite con una cuarta, una quinta y, por último, una sexta persona. Allport y Postman se fijaron en qué detalles de la historia permanecían a lo largo de la cadena de transmisión.

Vieron que la cantidad de información compartida disminuía drásticamente cada vez que se transmitía el rumor. Alrededor del 70 por ciento de los detalles de la historia se perdían en las primeras cinco o seis transmisiones.

Pero las historias no sólo se hacían más breves: también se centraban en el asunto principal o en los detalles clave. A lo largo de docenas de cadenas de transmisión aparecían patrones comunes. Determinados detalles se omitían constantemente, mientras que otros se retenían constantemente. En la historia del metro, la primera persona que explicaba la historia mencionaba todos los detalles. Decía que el tren parecía ser un Avenue Express, que pasaba por Dyckman Street y que había una serie de personas, dos de las cuales se estaban peleando.

Sin embargo, a medida que la historia se transmitía, muchos de los detalles importantes se perdían. La gente dejaba de hablar del tren o de adónde se dirigía y se centraba en la pelea. En el hecho de que una persona estuviera amenazando a otra con un cuchillo. Igual que sucede en las historias de detectives, la gente mencionaba los detalles esenciales y dejaba de lado los superfluos.

Si quieres crear contenidos contagiosos, trata de construir tu propio caballo de Troya. Pero asegúrate de pensar en términos de viralidad valiosa. Asegúrate de que la información que quieres que la gente recuerde y transmita sea esencial en la narración. Sin duda, puedes hacer que la narración sea divertida, sorprendente y entretenida. Pero, si la gente no relaciona el contenido contigo no te servirá de mucho. Ni siquiera si se convierte en viral.

De manera que tienes que construir un caballo de Troya que sea moneda social, con activadores, emoción, que sea público y valioso desde un punto de vista práctico, pero no olvides colocar tu mensaje en su interior. Asegúrate de que la información deseada esté tan incorporada en el argumento que la gente no pueda explicar la historia sin ella.

Epílogo

Pregúntales a tres amigas dónde se hicieron la manicura la última vez. Es muy probable que al menos una de ellas acudiese a una profesional vietnamita. Pero la historia del porqué esto es así probablemente te sorprenderá. Todo empezó con veinte mujeres y una serie de uñas largas de coral.

Thuan Le había sido profesora de instituto en su país natal, pero cuando llegó a Hope Village en 1975, no tenía más que la ropa que llevaba puesta. En el poblado de tiendas de campaña a las afueras de Sacramento se asentaban numerosos vietnamitas que habían huido a América tras la caída de Saigón. Repleto de nuevos inmigrantes, el campamento rebosaba a la vez de esperanza y desesperación. Habían llegado a Estados Unidos soñando con una vida mejor para ellos y sus familias, pero con sus escasos conocimientos de inglés, sus posibilidades eran limitadas.

La actriz Tippi Hedren, que había protagonizado *Los pájaros* de Alfred Hitchcock, se sentía afectada por la difícil situación de los refugiados y visitaba Hope Village con frecuencia. Hedren quería ayudar, por lo que se convirtió en mentora de algunas de las mujeres. En Vietnam habían sido dueñas de negocios, profesoras y funcionarias del Gobierno, y aquellas mujeres trabajadoras estaban deseando ponerse a trabajar. Hedren se sentía cautivada por sus historias de Vietnam. Ellas, a su vez, se fijaron en algo de ella: sus preciosas uñas.

Las mujeres admiraban las brillantes uñas de color rosa pálido de Hedren, así que ella llevaba consigo a su manicura una vez a la semana para que les diera clases y las enseñara a recortar las cutículas, pintar uñas y eliminar callosidades. Las mujeres aprendían rápido y practicaban con Hedren, con ellas mismas y con cualquiera que se les pusiera delante.

Al poco tiempo urdieron un plan. Hedren consiguió que recibieran clases en una escuela de belleza cercana. Aprendieron a limar, pintar y recortar. Hedren movió hilos y ayudó a Le y a las otras mujeres a encontrar empleo en Santa Mónica y en las ciudades vecinas.

Al principio fue duro. La manicura todavía no estaba muy de moda y había mucha competencia. No obstante, Le y las otras mujeres aprobaron los exámenes y empezaron a hacer negocios. Trabajaban duramente, durante muchas horas, y aceptaban los trabajos que nadie quería. Eran diligentes y perseverantes. Ganaban dinero y fueron prosperando.

Viendo el éxito de Le, unas cuantas de sus amigas decidieron incorporarse al negocio. Abrieron uno de los primeros salones de belleza propiedad de estadounidenses de origen vietnamita y animaron a otras a hacer lo mismo.

Las historias de éxito se difunden rápidamente. Las millones de vietnamitas que llegaron a Estados Unidos en busca de oportunidades oyeron lo que estaba haciendo el resto, y tomaron nota. Se empezaron a abrir salones de manicura vietnamitas por todo Sacramento. Luego por el resto de California. Luego por todo el país. Aquellas veinte mujeres marcaron tendencia, pero al poco tiempo, esta tuvo vida propia.

Actualmente, el 80 por ciento de las manicuras de California son estadounidenses de origen vietnamita. En todo el país, la cifra supera el 40 por ciento.

La historia de Thuan, Tippi y la proliferación de salones de manicura vietnamitas se volvió contagiosa. Sin embargo, lo que resulta aún más sorprendente es el hecho de que no se trate de algo excepcional.

Otros grupos de inmigrantes han acaparado ámbitos parecidos. Los cálculos indican que los estadounidenses de origen camboyano poseen aproximadamente el 80 por ciento de las tiendas de dónuts de Los Ángeles, y que los coreanos son propietarios del 65 por ciento de las tintorerías de la ciudad de Nueva York. En la década de 1950, el 60 por ciento de las licorerías de Boston estaban regentadas por irlandeses. A principios de 1990, los judíos fabricaban el 85 por ciento de la ropa masculina. La lista continúa.

Si lo piensas, estas historias tienen mucho sentido. Las personas emigran a otro país y empiezan a buscar trabajo. Sin embargo, aunque posiblemente los inmigrantes tuvieran previamente diferentes oficios, las oportunidades en el país de acogida suelen ser limitadas. Hay una barrera idiomática, las certificaciones y cualificaciones son difíciles de convalidar, y no tienen tantos contactos como en su país. De modo que los inmigrantes acuden a amigos y conocidos en busca de ayuda.

Y, como sucede con el resto de productos e ideas de los que hemos hablado a lo largo del libro, la influencia social y el boca a boca triunfan. El tema del empleo es habitual entre los nuevos inmigrantes que buscan trabajo (activadores). Así que se fijan en los empleos conseguidos por otros inmigrantes (publicidad) y hablan con ellos acerca de las mejores oportunidades. Los inmigrantes más asentados quieren dar buena imagen (moneda social) y ayudar a los demás (valor práctico), así que explican narraciones (historias) muy vívidas (emoción) sobre conocidos que han acabado triunfando.

Al poco tiempo, estos nuevos inmigrantes siguen los pasos de sus compañeros y emprenden el mismo trabajo.

La historia de las manicuras vietnamitas en particular, y la de la elección de empleo de los inmigrantes en general, pone de relieve una serie de puntos tratados a lo largo de este libro. En primer lugar, cualquier producto, idea, o conducta puede ser contagioso. Hemos hablado de batidoras (*¿Se molerá?*), bares (Plesae Don't tell) y cereales para el desayuno (Cheerios). Productos «naturalmente» emocionantes, como tiendas de rebajas (Rue La La) y restaurantes de lujo (el sándwich de carne de cien dólares de Barclay Prime), así como de cosas menos proclives al boca a boca como el maíz («las mazorcas siempre limpias» de Ken Craig) y las búsquedas por internet («Amor parisino» de Google). Productos (los auriculares blancos del iPod) y servicios (Hotmail), pero también de organizaciones sin ánimo de lucro (Movember y las pulseras Livestrong), hábitos saludables («el hombre que bebe grasa»), e industrias (salones de manicura vietnamitas). Incluso jabón («Evolución» de Dove). La influencia social contribuye a que triunfen toda clase de productos e ideas.

En segundo lugar, hemos visto que, más que ser causadas por un puñado de personas especialmente «influyentes», las epidemias sociales son impulsadas por los propios productos y las propias ideas. No cabe duda de que cada gran historia tiene un gran héroe. Tippi Hedren ayudó a que las mujeres vietnamitas aprendiesen manicura y George Wright tuvo la idea rompedora que dio origen a *¿Se molerá?* No obstante, aunque dichas personas prendieron la chispa inicial, sólo son una pequeña parte de la historia. Para describir por qué un puñado de personas carismáticas o bien relacionadas (las, así llamadas, influyentes) no son tan importantes como creemos en relación con las epidemias sociales, Duncan Watts recurre a una excelente comparación con los incendios forestales. Algunos incendios son mayores que otros, pero nadie podría afirmar que el tamaño del incendio depende de la naturaleza excepcional de la chispa inicial. Los mayores incendios forestales no son causados por grandes chispas. Tienen que prender muchos árboles individuales y propagar las llamas.

Los productos e ideas contagiosos son como los incendios forestales. No pueden producirse sin cientos, por no decir miles, de personas corrientes que hagan correr la voz sobre el producto o el mensaje.

Entonces, ¿por qué miles de personas difunden esos productos e ideas?

Moneda social	Compartimos cosas que nos hacen quedar bien.
Activadores	Tener algo en mente, tener algo en la punta de la lengua.
Emoción	Si algo nos importa, lo compartimos.
Publicidad	Si algo está hecho para que se vea, crecerá.
Valor práctico	Información útil.
Historias	La información viaja bajo la forma de conversaciones frívolas.

Y aquí llegamos al tercer punto: determinadas características hacen que los productos y las ideas sean más susceptibles de ser comentados y compartidos. Tal vez pensaras que algunas cosas tuvieran éxito por pura casualidad. Que determinados productos e ideas tuvieron suerte. Pero no se trata de suerte. Y tampoco es ningún misterio. Los mismos principios clave fomentan toda clase de epidemias sociales. Tanto si se trata de que la gente ahorre papel, vea un documental, pruebe un servicio, o vote a un candidato, hay una receta para el éxito. Los mismos seis principios, o STEPPS, son los que hacen que las cosas triunfen.

De modo que, si tratamos de conseguir que un producto o idea sean contagiosos, tenemos que pensar cómo incorporar esos STEPPS fundamentales.

Dicha incorporación puede llevarse a cabo al diseñar el producto o la idea. El sándwich de cien dólares fue diseñado para proporcionar moneda social. La canción de Rebecca Black se recordaba frecuentemente gracias a su título. La actuación de Susan Boyle provocó una gran emoción. Movember recaudó millones para combatir el cáncer de próstata utilizando bigotes para convertir en pública una conducta privada. El vídeo de «las mazorcas siempre limpias» de Ken Craig, son dos minutos de absoluto valor práctico.

No obstante, estos STEPPS también pueden incorporarse a los mensajes relativos a un producto o una idea. Las batidoras Blendtec siempre habían sido potentes, pero al mostrar su potencia de una forma sorprendente, los vídeos de *¿Se molerá?* generaron moneda social y boca a boca. Kit Kat no modificó su producto, pero, al relacionarlo con una bebida popular (café), la empresa hizo aumentar el número de activadores para que la gente pensase en la barrita de chocolate (y hablase de ella). La gente comparte los *MoneyWhys* de Vanguard porque proporcionan valor práctico, pero al difundirlos también fomenta el boca a boca sobre la compañía. La gente compartió el vídeo «Evolución» de Dove porque provoca mucha emoción, pero, al estar incorporada en la narración, Dove se ve también beneficiada.

Si quieres aplicar este marco, puedes utilizar una lista para ver los resultados de tu producto o idea en los seis diferentes STEPPS.

Moneda Social	¿Hablar de tu producto o idea hace quedar bien a la gente? ¿Puedes encontrar la excepcionalidad interna? ¿Aprovechar la mecánica de juegos? ¿Hacer que la gente se sienta privilegiada?
Activadores	Ten en cuenta el contexto. ¿Qué impulsos hacen que la gente piense en tu producto o idea? ¿Cómo puedes ampliar el hábitat y hacer que se piense en ellos con más frecuencia?

Emoción	Céntrate en los sentimientos. ¿Hablar de tu producto o idea genera emoción? ¿Cómo puedes prender el fuego?
Publicidad	¿Tu producto o idea se anuncian a sí mismos? ¿Puede ver la gente cuándo otros los utilizan? En caso de que no sea así, ¿cómo puedes convertir lo privado en público? ¿Puedes crear un residuo conductual que permanezca una vez utilizado?
Valor práctico	¿Hablar de tu producto o idea sirve para que la gente ayude a los demás? ¿Cómo puedes poner de relieve el valor increíble de tus conocimientos y competencia presentándolos como una información útil que los demás quieran difundir?
Historias	¿Cuál es tu caballo de Troya? ¿Están tu producto o idea incorporados en una narración más amplia que la gente quiere compartir? ¿La historia es valiosa además de viral?

Sigue estos seis STEPPS fundamentales, o al menos algunos de ellos, y podrás utilizar la influencia social y el boca a boca para que triunfe cualquier producto o idea.

Un último dato. La mejor parte del sistema de los STEPPS es que cualquiera puede utilizarlo. No requiere un enorme presupuesto para publicidad, habilidad para el marketing, ni talento creativo. Ciertamente, los vídeos virales y los contenidos contagiosos de los que hemos hablado fueron creados por individuos, pero no todos se hicieron famosos o lograron tener miles de seguidores en Twitter. Se basaban en uno o varios de los seis STEPPS fundamentales, y ello hizo que sus productos o ideas fueran más contagiosos.

Howard Wein tenía que encontrar la manera de hacer que un nuevo restaurante destacase manteniéndose fiel a la marca Barclay Prime. Eso fue exactamente lo que hizo el sándwich de cien dólares. No sólo proporcionó una extraordinaria (moneda social) y sorprendente (emoción) narración, sino que también ilustró el tipo de producto de calidad ofrecido por el restaurante (valor práctico). La abundancia de sandwicherías en Filadelfia recordaba constantemente a la gente que hiciera correr la voz (activadores). El sándwich de cien dólares dio que hablar y contribuyó a que Barclay Prime tuviera un éxito clamoroso.

George Wright prácticamente carecía de presupuesto para marketing. Necesitaba una manera de generar boca a boca sobre un producto del que la gente normalmente no hablaría: una batidora. Al pensar qué era lo que hacía que su producto fuera convincente e incorporar esa idea en una narración más amplia, consiguió generar cientos de millones de visitas en YouTube y que se disparasen las ventas. Los vídeos de *¿Se molerá?* son asombrosos (emoción) y excepcionales (moneda social). Pero, al hacer que los beneficios del producto (valor práctico) fueran parte integrante de una narración más amplia (historias), los vídeos proporcionaron un perfecto caballo de Troya para que la gente hablase de un electrodoméstico cotidiano e hicieron que Blendtec tuviera éxito.

Personas corrientes con productos e ideas corrientes. No obstante, aprovechando la psicología del boca a boca, fueron capaces de hacer que sus productos e ideas tuvieran éxito.

A lo largo del presente libro hemos hablado de la ciencia innovadora relacionada con el funcionamiento del boca a boca y la influencia social. Si seguimos estos seis STEPPS fundamentales podemos hacer que cualquier producto o idea sea contagioso.

Agradecimientos

Siempre que comentaba que estaba escribiendo un libro, la gente me preguntaba si alguien me ayudaba. A pesar de que no hay ningún coautor, era una pregunta difícil de contestar, porque este libro nunca habría llegado a buen término sin la ayuda de innumerables personas.

En primer lugar, quiero dar las gracias a mis diferentes colaboradores a lo largo de los años. Personas como Ezgi Akpinar, Eric Bradlow, Dave Balter y el equipo de BzzAgent, Gráinne Fitzsimons, Raghu Iyengar, Ed Keller y los chicos del Keller Fay Group, Blake McShane, Katy Milkman, Eric Schwartz y Morgan Ward, sin los cuales los artículos que cito en este libro no habrían sido posibles. Estudiantes brillantes como Rebecca Greenblatt, Diana Jiang, Lauren McDevitt, Keri Taub y Jennifer Wu, también contribuyeron a realizar estos proyectos. Malcolm Gladwell escribió el asombroso libro que me llevó a emprender este camino. También estoy en deuda con personas como Glenn Moglen, el cual me introdujo en la investigación académica, Emily Pronin, que me introdujo en la psicología social, Noah Mark, que me introdujo en la sociología, y Lee Ross e Itamar Simonson, que siempre plantearon grandes ideas. Gracias también a todos mis colegas de Wharton y Stanford y a todos los profesores y al personal de la Montgomery Blair High School y la Takoma Park Middle School que me enseñaron a mí y a otros miles de chicos afortunados las maravillas de las matemáticas y la ciencia.

En segundo lugar, quiero dar las gracias a las personas que hicieron posible este libro. Jonah Lehrer y Dan Ariely me ayudaron a entender lo que significaba realmente escribir un libro. Alice LaPlante pulió la redacción. Jim Levine y sus colegas de la Levine Greenberg

Literary Agency actuaron como referentes durante todo el proceso. Jonathan Karp, Bob Bender, Tracey Guest, Richard Rhorer, Michael Accordino y el resto del equipo de Simon & Schuster que contribuyeron a plasmar estas ideas en un libro. Anthony Cafaro, Colleen Chorak, Ken Craig, Ben Fischman, Denise Grady, Koreen Johannessen, Scott MacEachern, Jim Meehan, Tim Piper, Ken Segall, Brian Shebairo, Howard Wein y George Wright dedicaron tiempo a compartir conmigo sus historias. Julia Perch me ayudó con la transcripción. Varios estudiantes de MBA de Wharton fueron tan amables como para darme su opinión sobre el borrador. El equipo de fútbol de la UPenn a la hora de comer me dio la oportunidad de disfrutar de pausas muy necesarias. Maria Ana Vitorino revisó el texto con mirada escrutadora. Alexander Berger, Fred Irby IV y toda la familia Bruno, no sólo me dieron su opinión sobre el borrador, sino que me recordaron por qué me había metido en esto.

Debo citar también a otras personas. En primer lugar, a Chip Heat, el cual no sólo ha sido mi consejero, mentor y amigo, sino que también me ha enseñado la mayoría de lo que sé de escritura e investigación: no tengo palabras para agradecértelo. En segundo lugar, a Jordan Etkin por estar a mi lado durante el proceso y ser al mismo tiempo un amable editor y un incansable motivador, según fuese necesario. En tercer lugar, a mis padres, no sólo por leer y apoyar este proyecto, sino por hacer todo el trabajo preliminar que lo hizo posible. Y, por último, a mi abuela, por apoyarme siempre.

Notas

Introducción: ¿Por qué las cosas enganchan?

11   «*El 60 por ciento desaparece*»: www.econ.ucsb.edu/~tedb/Courses/
Ec1F07/restaurants.pdf.

13   «*Era como comer oro*»: De la página Yelp de Barclay Prime: http://
www.yelp.com/biz/barclay-prime-philadelphia.

14   *La mayoría de restaurantes fracasan:* Shane, Scott, «Startup Failu-
re Rates—the REAL numbers», *Small Business Trends*, 28 de abril
de 2008; http://smallbiztrends.com/2008/04/startup-failure-ra-
tes.html.

16   *La gente intercambia más de dieciséis mil palabras:* Véase Mehl,
Matthais R., Simine Vazire, Nairan Ramírez-Esparza, Richard B.
Slatcher y James W. Pennebaker, «Are Women Really More
Talkative than Men?», *Science*, 317 (2007), p. 82.

16   *Cien millones de conversaciones sobre marcas:* véase Keller, Ed y Barak Libai, «A Holistic Approach to the Measurement of WOM»,
presentación en la Conferencia Mundial de Investigación de los
Medios de Comunicación de la ESOMAR, Estocolmo, 2009
(mayo 4-6).

17   *Visitamos páginas web que nos recomiendan nuestros vecinos: véase*
Trusov, Michael, Randolph E. Bucklin y Koen Pauwels, «Effects
of Word-of-Mouth Versus Traditional Marketing: Findings
from an Internet Social Networking Site», *Journal of Marketing, 73*
(septiembre, 2009), pp. 90-102.

17   *El boca a boca es el factor principal:* Bughin, Jacques, Jonathan Doo-
gan, y Ole Jørgen Vetvik, «A New Way to Measure Word-of-
Mout Marketing», *McKinsey Quarterly* (2010).

17   *Un incremento de casi doscientos dólares en las ventas de un restau-*

rante: véase Godes, David y Dina Mayzlin, «Firm-Created Word-of-Mouth Communication: Evidence from a Field Study», *Marketing Science*, 28 (2009), n.º 4, pp. 721-739.

17 *Que se vendan aproximadamente veinte libros más:* Chevalier, Judith y Dina Mayzlin, «The Effect of Word of Mouth on Sales: Online Book Reviews», *Journal of Marketing Research*, 43 (2006), n.º 3, pp. 345-354.

17 *Es más probable que los médicos:* Iyengar, Raghuram, Christohe Van den Bulte, y Thomas W. Valente, «Opinion Leadership and Social Contagion in New Product Diffusion», *Marketing Science*, 30 (2011), n.º 2, pp. 195-212.

17 *La gente tiene más probabilidades:* Christakis Nicholas A., y James Fowlwe, *Connected: The Surprising Power of Our Social Networks and How They Shape Our Lives*, Little, Brown and Company, Nueva York, 2009.

17 *Aunque la publicidad tradicional sigue siendo útil:* Stephen, Andrew, y Jeff Galak, «The Effects of Traditional and Social Earned media on Sales. A Study of a Microlending Marketplace», *Journal of Marketing Research* (2012), [en preparación]; Trusov, Michael, Randy Bucklin, y Koen Pauwels, «Effects of Word of Mouth Versus Traditional Marketing: Findings from an Internet Social Networking Site», *Journal of Marketing*, 73 (2009), pp. 90-102.

18 *Los clientes recomendados por amigos:* Schmitt, Philipp, Bernd Skiera, y Christophe Van den Bulte, «Referral Programs and Customer Value», *Journal of Marketing*, 75 (enero, 2011), pp. 46-59. *Véase también* http://techcrunch.com/2011/11/27/social-proof-why-people-like-to-follow-the-crowd.

20 *Millones de personas las utilizan:* Eridon, Corey, «25 Billion Pieces of Content Get Shared on Facebook Monthly» (2011), *Hubspot Blog*, 2 de diciembre; http://blog.hubspot.com/blog/tabid/6307/bid/29407/25-Billion-Pieces-of-Content-Get-Shared-on-Facebook-Monthly-INFOGRAPHIC.aspx.

20 *La cifra real es del 7 por ciento:* Este libro ofrece una magnífica perspectiva del boca a boca cara a cara: Keller, Ed, y Brad Fay, *The*

Face-to-Face Book: Why Real Relationships Rule in a Digital Marketplace, Free Press, Nueva York, 2012.

20 *Casi dos horas al día: Véase* http://news.cnet.com/8301-1023_3-10421016-93.html.

21 *Un tuit:* Arthur Charles, «Average Twitter User has 126 followers, and only 20% of Users go via Website», *The Guardian*, 29 de marzo de 2009; http://www.guardian.co.uk/technology/blog/2009/jun/29/twitter-users-average-api-traffic.

21 *Dichas conversaciones son más frecuentes:* Al pensar si será más eficaz el boca a boca por internet o fuera de ella, hay que pensar también si se está produciendo el efecto deseado. Si lo que pretendes es que la gente visite una página web, el boca a boca en internet es perfecto, porque la acción deseada se encuentra a un clic de distancia. Lo mismo sucede con los productos o conductas fuera de internet. El boca a boca en internet sobre una salsa para pasta está muy bien, pero la gente tiene que acordarse de comprarla cuando esté en la tienda, así que puede que el boca a boca fuera de internet sea aún mejor. Piensa también en si la gente investiga antes de comprar y dónde. A pesar de que la mayoría de gente no compra un coche por internet, investiga mucho en la red y es posible que tome la decisión antes de llegar siquiera a pisar el concesionario. En estos ejemplos, el boca a boca por internet puede influir en su decisión.

21 *Sólo un tercio del 1 por ciento: Véase* http://articles.businessinsider.com/2009-05-20/tech/30027787_1_tubemogul-videos-viral-hits.

22 *«Uno de cada diez norteamericanos»:* Gladwell, Malcolm, *The Tipping Point: How Little Things Can Make a Big Difference*, Little Brown, Nueva York, 2000. Véase también Keller, ED, y Jon Berry, *The Influentials: One American in Ten Tells the Other Nine How to Vote, Where to Eat, and What to Buy*, Free Press, Nueva York, 2003.

22 *Hacer que las cosas se conviertan en virales:* Actualmente hay pocas pruebas empíricas de que las personas con más vínculos sociales o más persuasivas tengan una mayor influencia en que algo

tenga éxito. *Véase* Bakshy, Eytan, Jake Hofman, Winter A. Mason, y Duncan J. Watts, «Everyone's an Influencer: Quantifying Influence on Twitter», Actas de la Fourth International Conference on Web Search and Data Mining, Hong Kong (2011); *véase también* Watts, Duncan J., y Peter S. Dodds, «Networks, Influence, and Public Opinion Foundation», *Journal of Consumer Research*, 34 (2007), n.º 4, pp. 441-458. Piensa en la última historia que te han contado y has transmitido. ¿La transmitiste porque la persona que te la contó era muy popular? ¿O porque la propia historia era muy divertida o sorprendente? Piensa en el último artículo que alguien te envió y tú has reenviado a alguien. ¿Lo hiciste porque la persona que te lo envió era especialmente persuasiva? ¿O porque sabías que a alguien le interesaría la información? En éstos y en la mayoría de casos, la fuerza impulsora que hay tras el boca a boca es el mensaje, no el mensajero.

24   *Tom Dickson estaba buscando un nuevo empleo:* Sauer, Patrick J., «Confessions of a Viral Video Superstar», *Inc.* magazine (2008), 19 de junio.

25   *En 1999 fundó Blendtec: Véase* http://donteattheshrimp.com/2007/07/03/will-it-blend-gets-blendtec-in-the-wsj/and http://magazine.byu.edu/?act=view&a=2391 para encontrar interesantes debates sobre los primeros años en Blendtec.

Capítulo 1. Moneda Social

39   *Brian decidió:* Entrevistas con Brian Shebairo el 16 de mayo de 2012, y Jim Meehan el 13 de mayo de 2012.

41   *Más del 40 por ciento de las cosas de las que habla la gente:* Dunbar, Robert I. M., Anna Marriot y N.D.C. Duncan, «Human Conversational Behavior», *Human Nature*, 8 (1997), n.º 3, pp. 231-244.

41   *La mitad de los tuits están centrados en uno mismo:* Naaman, Mor, Jeffrey Boase, y Chih-Hui Lai, «Is it Really About Me? Message Content in Social Awareness Streams», actas de la ACM Conference (2010), pp. 189-192.

41 *Jason Mitchell y Diana Tamir:* Tamir, Diana I., y Jason P. Mitchell, «Disclosing Information About the Self Is Intrinsically Rewarding», *Proceedings of the National Academy of Sciences*, 109 (2012), n.º 21, pp. 8038-8043.

43 *Hacemos hipótesis razonables: Véase* Berger, Jonah, y Chip Heath, «Who Drives the Divergence? Identity Signalling, Outgroup Dissimilarity, and the Abandonment of Cultural Tastes», *Journal of Personality and Social Psychology*, 95 (2008), n.º 3, pp. 593-605. *Véase también* Berger, Jonah, y Chip Heath, «Where Consumers Diverge from Others: Identity Signaling and product Domains», *Journal of Consumer Research*, 34 (2007), n.º 2, pp. 121-134 para saber más sobre los debates de investigación en este campo.

44 *Bolso de Prada:* Wojnicki, Andrea C., y Dave Godes, «Word-of-Mouth as Self-Enhancement», artículo de la Universidad de Toronto (2010). *Véase también* De Angelis, Matteo, Andrea Bonezzi, Alessandro Peluso, Derek Rucker, y Michele Costabile (2012), «On Braggarts and Gossips: A Self-Enhancement Account of Word-of-Mouth Generation and Transmission», *Journal of Marketing Research*, de próxima aparición.

44 *Algo «fuera de lo común»:* Para saber más sobre la historia tras los hechos de Snapple, *véase* http://mittelmitte.blogspot.com/2006/09/snapple-real-facts-are-100-true.html y http://mysnapple realfacts.blogspot.com/.

46 *El profesor de Wharton Raghu Iyengar:* Berger, Jonah y Raghuram Iyengar, «How Interest Shapes Word-of-Mouth Over Different Channels», artículo de Wharton (2013).

47 *Los tuits más interesantes:* Bakshy, Eytan, Jake M. Hofman, Winter A. Mason, Duncan J. Watts, «Everyone's an Influencer. Quantifying Influence on Twitter», *WSDM* (2011), pp. 65-74. Véase también Berger, Jonah, y Katherine Milkman, «What Makes Online Content Viral», *Journal of Marketing research*, 49 (2012), n.º 2, pp. 192-205.

47 *Psicólogos de la Universidad de Illinois:* Burrus, Jeremy, Justin Kruger, y Amber Jurgens, «The Truth Never Stands in the Way of a

Good Story: The Distortion of Stories in the Service of Entertainment», artículo de la Universidad de Illinois (2006).

49 *Una forma de generar sorpresa:* Heath, Chip, y Dan Heath, *Made to Stick: Why Some Ideas Survive and Others Die*, Random House, Nueva York, 2011. Versión castellana de María López Medel, *Pegar y Pegar*, LID, Madrid, 2008.

49 *El misterio y la controversia:* Ibid. *Véase también* Chen, Zoey, y Jonah Berger, «When, Why, and How Controversy Causes Conversation», artículo de Wharton (2012).

50 *Rodada cámara en mano:* Pueden encontrarse detalles de *El Proyecto de la Bruja de Blair* en http://en.wikipedia.org/wiki/The_Blair_Witch_Project.

50 *Papel higiénico de color:* Puede encontrarse información acerca de Renova, la empresa portuguesa que fabrica papel higiénico de color en http://www.renovaonline.net/_global/.

52 *Ciento ochenta millones de personas:* Los datos acerca de los programas de fidelidad de las compañías aéreas proceden de http://www.frequentflyerservices.com/press_room/facts_and_stats/frequent_flyer_facts.php y http://www.prweb.com/releases/2011/11/prweb8925371.htm.

53 *Las puntuaciones nos motivan:* Información acerca de cómo los objetivos pueden actuar como puntos de referencia y cómo la progresión puede afectar a la motivación puede encontrarse en Heath, Chip, Richard P. Larrick, y George Wu, «Goals as Reference Points», *Cognitive Psychology*, 38 (1999), pp. 79–109; Amir, On, y Dan Ariely, «Resting on Laurels: The Effects of Discrete Progress Markers as Sub-goals on Task Performance and Preferences,» *Journal of Experimental Psychology: Learning, Memory, and Cognition*, 34 (2008), n.º 5, pp. 1158–1171; y Kivetz, Ran, Oleg Urminsky, and Yuhuang Zheng, «The Goal-Gradient Hypothesis Resurrected: Purchase Acceleration, Illusionary Goal Progress, and Customer Retention», *Journal of Marketing Research*, 43 (2006), n.º 1, pp. 39–56.

53 *Al aumentar la motivación, las tarjetas:* Kivetz, Ran, Oleg Urminsky, y Yuhuang Zheng, «The Goal-Gradient Hypothesis Resu-

rrected: Purchase Acceleration, Illusionary Goal Progress, and Customer Retention», *Journal of Marketing Research*, 43 (febrero, 2006), pp. 39-58.

53   *Preferían que les fuera mejor:* Solnick, S. J., y D. Hemenway, «Is More Always Better? A Survey on Positional Concerns», *Journal of Economic Behavior and Organization*, 37 (1998), pp. 373-383.

57   *El concurso contribuyó a que las ventas aumentasen:* Puede encontrarse información sobre la campaña «El arte de la gabardina» de Burberry en http://blogs.wsj.com/source/2010/01/19/burberry%E2%80%99s-trench-website-too-good-to-be-true/ y http://www.1to1media.com/weblog/2010/01/internet_marketing_from_the_tr.html.

59   *«Es como el conserje»:* Entrevista con Ben Fischman el 12 de junio de 2012. Gracias a Dave Balter por presentarme esta magnífica historia.

60   *Si algo es difícil de obtener:* Para saber cómo el esfuerzo influye en el valor, véase Aronson, Elliot, «The Theory of Cognitive Dissonance: The Evolution and Vicissitudes of an Idea» en *The Message of Social Psychology: Perspectives on Mind in Society*, ed. Craig McGarty y S. Alexander Haslam, Blackwell Publishing, Malden, Mass.,1997, pp. 20-35; y Aronson, Elliot, y Judson Mills, «The Effect of Severity of Initiation on Liking for a Group», *Journal of Abnormal and Social Psychology*, 66 (1959), n.º 6, pp. 584-588. *Véase también* Sela, Aner, y Jonah Berger, «Decision Quicksand: How Trivial Choices Suck Us In», *Journal of Consumer Research*, 39 (2011).

60   *La gente valora los libros de cocina:* Existe una serie de artículos valiosos sobre cómo la escasez influye en el valor. *Véase* Verhallen, Theo, «Scarcity and Consumer Choice Behavior», *Journal of Economic Psychology*, 2 (1982), pp. 299-322; Worchel, S., J. Lee, y A. Adewole, «Effects of Supply and Demand on Ratings of Object Value», *Journal of Personality and Social Psychology*, 32 (1975), pp. 906-914; Fromkin, H. L., J. C. Olson, R. L. Dipboye, y D. Barnaby, «A Commodity Theory Analysis of Consumer Preferen-

ces for Scarce Products», *Proceedings 79th Annual Convention of the American Psychological Association*, 1971, pp. 653–654.

62 *McNuggets de pollo:* Gracias a Dave Balter por hablarme del localizador de McRib. Para más detalles de la historia, *véase* http://www.maxim.com/funny/the-cult-of-the-mcrib-o y http://en.wikipedia.org/wiki/McRib.

64 *En cuanto pagas a alguien:* Para una temprana (y extremadamente inteligente) investigación sobre la motivación intrínseca y extrínseca, *véase* Lepper, Mark R., David Greene, y Richard E. Nisbett, «Undermining Children's Intrinsic Interest with Extrinsic Reward: A Test of the "Overjustification" Hypothesis», *Journal of Social and Personality Psychology*, 28 (1973), n.º 1, pp. 129–137. Para un estudio más reciente, véase Heyman, James, y Dan Ariely, «Effort for Payment: A Tale of Two Markets», *Psychological Science*, 15 (2004), n.º 11, pp. 787–793.

Capítulo 2. Activadores

68 *«Nadie habla de empresas aburridas»:* Sernovitz, Andy, *Word of Mouth Marketing: How Smart Companies Get People Talking*, Kaplan Publishing, Chicago, 2006.

68 *La gente habla más de los Cheerios:* La conclusión de que los cereales con miel Cheerios generan más boca a boca que Disney World procede del análisis realizado por BzzAgent mencionado en este capítulo: Berger, Jonah, y Eric Schwartz, «What Drives Immediate and Ongoing Word-of-Mouth?», *Journal of Marketing* (octubre, 2011), pp. 869–880. La conclusión procede también de datos de Twitter acerca de la frecuencia con que se tratan las dos marcas.

70 *Dieciséis episodios de boca a boca:* Carl, Walter, «What's All the Buzz About? Everyday Communication and the Relational Basis of Word-of-Mouth and Buzz Marketing Practices», *Management Communication Quarterly*, 19 (2006), pp. 601–634.

70 *Los consumidores norteamericanos mencionan marcas concretas:* Keller, Ed, y Barak Libai, «A Holistic Approach to the Measurement of WOM» (2009), presentación en la ESOMAR Worldwide Media Measurement Conference, Estocolmo (4–6 de mayo).

71   *Dave nos dio a mi colega Eric Schwartz y a mí:* Aquí se incluía información sobre el producto en cada campaña y el número de informes enviados por cada agente de BzzAgent. Nos interesaba especialmente el hecho de poder analizar la repercusión generada por cada producto y cada agente. Al fin y al cabo, es posible que algunas personas difundan las cosas más que otras: los charlatanes hablan más que los reservados. Sin embargo, viendo cuánto hablaban los agentes en diferentes campañas, pudimos identificar patrones. Pudimos ver si un agente había hablado más de una marca de café que de un nuevo modelo de cámara digital. Y pudimos empezar a entender por qué determinados productos se difunden más que otros. No sólo de si la gente hablaba más de ciertas categorías (como por ejemplo la comida) que de otras (como las películas), sino de lo que realmente fomenta el diálogo en primer lugar: la psicología de la conversación.

75   *Algunos pensamientos son más intuitivos o accesibles:* La accesibilidad es un tema determinante en la psicología; para conocer estudios clásicos sobre el tema, *véase* Higgins, E. Tory, y G. King, «Accessibility of Social Constructs: Information-processing Consequences of Individual and Contextual Variability», en *Personality, Cognition, and Social Interaction*, ed. N. Cantor y J. F. Kihlstrom, Lawrence Erlbaum, Hillsdale, N.J., 1981, pp. 60–81; y Wyer, Robert S., Andy T. K. Srull, «Category Accessibility: Some Theoretical and Empirical Issues Concerning the Processing of Social Stimulus Information», en *Social Cognition: The Ontario Symposium*, vol. 1, ed. E. T. Higgins, C. P. Herman, y M. P. Zanna, Lawrence Erlbaum, Hillsadle, N.J., 1981, pp. 161–197.

75   *Algunas cosas son crónicamente accesibles:* Para leer un artículo antiguo sobre la accesibilidad crónica, *véase* Bargh, John A., W. J. Lombardi, y E. Tory Higgins, «Automaticity of Chronically Accessible Constructs in Person X Situation Effects on Person Perception: It's Just a Matter of Time», *Journal of Personality and Social Psychology*, 55 (1988), n.º 4, pp. 599–605.

75   *Estímulos del entorno:* Hay numerosa bibliografía sobre los estí-

mulos del entorno y la propagación de activación, pero para conocer estudios clásicos *véase* Anderson, John R., *The Architecture of Cognition*, Harvard University Press, Cambridge, Mass., 1983; Collins, Allan M., y Elizabeth F. Loftus, «A Spreading-Activation Theory of Semantic Processing», *Psychological Review*, 82 (1975), n.º 6, pp. 407–428; y Higgins, Tory E., William S. Rholes, y Carl R. Jones, «Category Accessibility and Impression Formation», *Journal of Social Psychology*, 13 (marzo, 1977), pp. 141–154. Para encontrar ejemplos desde el punto de vista del consumo, *véase* Nedungadi, P., «Recall and Consumer Consideration Sets: Influencing Choice Without Altering Brand Evaluations», *Journal of Consumer Research*, 17 (1990), n.º 3, pp. 263–276; y Berger, Jonah, y Gráinne M. Fitzsimons, «Dogs on the Street, Pumas on Your Feet: How Cues in the Environment Influence Product Evaluation and Choice», *Journal of Marketing Research*, 45 (2008), n.º 1, pp. 1–14.

75 *La empresa de golosinas Mars:* White, Michael, «Toy Rover Sales Soar into Orbit: Mars Landing Puts Gold Shine Back into Space Items», *Arizona Republic*, (julio, 1997) 12A, E1.

76 *Los investigadores musicales Adrian North:* North, Adrian C., David J. Hargreaves, y Jennifer McKendrick, «In-Store Music Affects Product Choice», *Nature*, 390 (noviembre, 1997), p. 132.

77 *La psicóloga Gráinne Fitzsimons:* Berger y Fitzsimons, «Dogs on the Street», pp. 1–14.

78 *Las personas tienen creencias fundamentales:* Riker, William, y Peter Ordeshook, «A Theory of the Calculus of Voting», *American Political Science Review*, 62 (1968), n.º 1, pp. 25–42.

79 *Las elecciones generales de Arizona en 2000:* Berger, Jonah, Marc Meredith, y S. Christian Wheeler, «Contextual Priming: Where People Vote Affects How They Vote», *Proceedings of the National Academy of Sciences*, 105 (2008), n.º 26, pp. 8846–8849.

81 *Los padres de Rebecca pagaron 4.000 dólares:* Los detalles sobre Rebecca Black proceden de http://en.wikipedia.org/wiki/Rebecca_Black.

83 *Los activadores fomentan el boca a boca: véase también* Rosen, Ema-

nuel, *Anatomy of Buzz*, Profile Books, Londres, 2003), para un interesante debate relativo a los activadores.

83 *Los productos activados con más frecuencia:* Berger, Jonah, y Eric Schwartz, «What Drives Immediate and Ongoing Word-of-Mouth?», *Journal of Marketing,* octubre (2011), pp. 869–880.

85 *Analizamos cientos de críticas literarias de* The New York Times: Berger, Jonah, Alan T. Sorensen, y Scott J. Rasmussen, «Positive Effects of Negative Publicity: When Negative Reviews Increase Sales», *Marketing Science,* 29 (2010), n.º 5, pp. 815–827.

86 *La melodía de Kit Kat:* Los detalles acerca de la historia de Kit Kat proceden de http://en.wikipedia.org/wiki/Kit_Kat. Los detalles acerca de la campaña del café proceden de una entrevista con Colleen Chorak el 9 de febrero de 2012.

86 *Una de las diez tonadas más pegadizas:* Los detalles sobre la canción *Tómate un respiro* proceden de Kellaris, James, «Dissecting Earworms: Further Evidence on the "Song-Stuck-in-Your Head" Phenomenon» (2003), presentación ante la sociedad de psicología de consumo. *Véase también* http://www.webmd.com/mental-health/news/20030227/songs-stick-in-everyones-head.

88 *Las ideas también tienen hábitats:* Berger, Jonah, y Chip Heath, «Idea Habitats: How the Prevalence of Environmental Cues Influences the Success of Ideas», *Cognitive Science,* 29 (2005), n.º 2, pp. 195–221.

88 *Un experimento que realizamos con BzzAgent y Boston Market:* Berger y Schwartz, «What Drives Immediate and Ongoing Word-of-Mouth?», pp. 869–880.

89 *«Bob, tengo un enfisema»:* Véase http://no-smoke.org/images/02_Bob_14x48.jpg.

89 *Parásito venenoso:* Cialdini, Robert B., Petia Petrova, Linda Demaine, Daniel Barrett, Brad Sagarin, Jon Manner, y Kelton Rhoads, «The Poison Parasite Defense: A Strategy for Sapping a Stronger Opponent's Persuasive Strength», artículo de la Universidad de Arizona (2005).

90 *Anheuser-Busch corrigió el eslogan:* Cialdini, Robert B., *Influence:*

Science and Practice, Allyn & Bacon, Needham Heights, Mass., 2001.

90 *Si haces demasiados agujeros:* Más información acerca del efecto abanico en Anderson, John R., «Retrieval of Propositional Information from Long-term Memory», *Cognitive Psychology*, 6 (1974), pp. 451-474; y Anderson, John R., *The Architecture of Cognition*, Harvard University Press, Cambridge, Mass., 1983.

92 *Lo que sale es grasa:* Para ver la campaña del Departamento de Salud, *véase* http://jonahberger.com.

93 *Productos asociados con el color naranja:* Berger y Fitzsimons, «Dogs on the Street», pp. 1-14.

94 *Veremos que hay un patrón muy claro:* Gracias a Scott A. Golder por aportar estos datos.

Capítulo 3. Emoción

97 *Fotografía schlieren:* El artículo de Grady sobre la tos puede encontrarse en Grady, Denise, «The Mysterious Cough, Caught on Film», *The New York Times*, 27 de octubre de 2008; http://www.nytimes.com/2008/10/28/science/28cough.html. El artículo de *The New England Journal of Medicine* en el que se basa el suyo es Tang, Julian W., y Gary S. Settles, «Coughing and Aerosols», *New England Journal of Medicine*, 359 (2008), p. 15.

103 *En realidad, eso no nos dice demasiado:* Como es lógico, factores externos como dónde aparecía un artículo tenían relación con el hecho de que figurase o no en la lista. Los artículos que aparecían en primera plana de una publicación médica se compartían más que los que aparecían en las páginas interiores. Los artículos que figuraban en la parte superior de la página web del *Times* se compartían más que aquellos sepultados en la misma. Los artículos escritos por Bono, de U2, o por el antiguo senador Bob Dole eran más compartidos que otros escritos por autores menos famosos. Sin embargo, esas correlaciones no son tan sorprendentes ni útiles. Comprar un anuncio durante la Super Bowl o contratar a Bono hará aumentar las probabilidades de que el contenido sea visto y compartido. No obstante, la mayo-

ría de la gente no dispone de los fondos o de los contactos para conseguirlo. En cambio, nos centramos en aspectos del contenido mismo relacionados con la difusión.

104 *Los artículos más útiles:* Una descripción completa de nuestro estudio sobre la lista de los artículos más compartidos de *The New York Times,* así como de nuestras conclusiones, puede encontrarse en Berger, Jonah, y Katherine Milkman, «What Makes Online Content Viral», *Journal of Marketing Research,* 49 (2012), n.º 2, pp. 192–205.

105 *El sobrecogimiento es un sentimiento de fascinación:* Para un gran artículo general sobre el sobrecogimiento, véase Keltner, D., y J. Haidt, «Approaching Awe, a Moral, Spiritual, and Aesthetic Emotion», *Cognition and Emotion,* 17 (2003), pp. 297–314. Para un estudio más reciente, véase Shiota, M. N., D. Keltner, y A. Mossman, «The Nature of Awe: Elicitors, Appraisals, and Effects on Self-concept», *Cognition and Emotion,* 21 (2007), pp. 944–963.

105 *«La emoción más bella»:* La cita de Einstein procede de Ulam, S. M., Françoise Ulam, y Jan Myielski, *Adventures of a Mathematician,* Charles Scribner's Sons, Nueva York, 1976, p. 289.

106 *Los artículos sobrecogedores:* Berger y Milkman, «What Makes Online Content Viral», pp. 192–205.

107 *La primera aparición de Susan Boyle:* La actuación de Susan Boyle puede verse en http://jonahberger.com.

107 *Contribuye a que nuestra relación social sea más profunda:* Para un estudio sobre cómo la difusión de emociones intensifica nuestros vínculos sociales, *véase* Peters, Kim, y Yoshihasa Kashima, «From Social Talk to Social Action: Shaping the Social Triad with Emotion Sharing», *Journal of Personality and Social Psychology,* 93 (2007), n.º 5, pp. 780–797.

108 *Los contenidos negativos deberían ser más virales:* Para un debate acerca del boca a boca positivo y negativo, *véase* Godes, Dave, Yubo Chen, Sanjiv Das, Chrysanthos Dellarocas, Bruce Pfeiffer, et al., «The Firm's Management of Social Interactions», *Marketing Letters,* 16 (2005), n.ᵒˢ 3–4, pp. 415–428.

109 *El psicólogo Jamie Pennebaker:* Un estudio sobre la investigación

lingüística y el recuento de palabras puede encontrarse en Pennebaker, James W., Roger J. Booth, y Martha E. Francis (2007), «Linguistic Inquiry and Word Count: LIWC2007», consultado el 14 de octubre de 2011; http://www.liwc.net/. Para un resumen sobre cómo la LIWC se ha utilizado para estudiar una serie de procesos psicológicos, *véase* Pennebaker, James W., Matthias R. Mehl, y Katie Niederhoffer, «Psychological Aspects of Natural Language Use: Our Words, Our Selves», *Annual Review of Psychology*, 54 (2003), pp. 547–577.

109 *La positividad y negatividad:* Cuanto mayor sea el porcentaje de palabras emotivas en un texto, más emoción tiende a expresar. Pennebaker, J. W., y M. E. Francis, «Cognitive, Emotional, and Language Processes in Disclosure», *Cognition and Emotion*, 10 (1996), pp. 601–626.

110 *Recién llegados que se enamoraban de Nueva York:* Berger y Milkman, «What Makes Online Content Viral», pp. 192–205.

110 *Los artículos que provocaban ira o preocupación:* Ibid.

110 *Excitación fisiológica:* Numerosas investigaciones fisiológicas han estudiado la así llamada teoría bidimensional de los afectos (valencia y excitación). Para debates al respecto véase Barrett, Lisa Feldman y James A. Russell, «The Structure of Current Affect: Controversies and Emerging Consensus», *Current Directions in Psychological Science*, 8 (1999), n.º 1, pp. 10–14; Christie, I. C., y B. H. Friedman, «Autonomic Specificity of Discrete Emotion and Dimensions of Affective Space: A Multivariate Approach», *International Journal of Psychophysiology*, 51 (2004), pp. 143–153; y Schlosberg, H., «Three Dimensions of Emotion», *Psychological Review*, 61 (1954), n.º 2, pp. 81–88.

111 *Eso es excitación:* Para un debate sobre la neurobiología de la excitación véase Heilman, K. M., «The Neurobiology of Emotional Experience», *Journal of Neuropsychiatry*, 9 (1997), pp. 439–448.

113 *Los contenidos divertidos se comparten:* Los resultados que indican que la excitación fomenta la transmisión social pueden encontrarse en Berger, Jonah, «Arousal Increases Social Transmission

of Information», *Psychological Science*, 22 (2011), n.º 7, pp. 891–893.

113 *Cuando se dirigían a dar un concierto:* Un resumen de la odisea de Dave Carroll con United Airlines puede encontrarse en su libro: Carroll, Dave, *United Breaks Guitars: The Power of One Voice in the Age of Social Media*, Hay House, Carlsbad, CA., 2012. Para escuchar la canción véase http://jonahberger.com.

117 *El vídeo narra el nacimiento de una historia de amor:* Un vídeo de «Amor Parisino» puede encontrarse en http://jonahberger.com. La historia que hay tras «Amor Parisino» procede de una entrevista con Anthony Cafaro el 20 de junio de 2012.

118 *«Los mejores resultados no se muestran en un motor de búsqueda»:* La cita procede de Iezzi, Teressa, «Meet the Google Five» (2010), http://creativity-online.com/news/the-google-creative-lab/146084.

119 *El simple hecho de añadir excitación:* Berger y Milkman, «What Makes Online Content Viral», pp. 192–205.

120 *La obesidad reduce la esperanza de vida:* Las estadísticas sobre obesidad proceden de Whitlock, Gary, Sarah Lewington, Paul Sherliker, y Richard Peto, «Body-mass Index and Mortality», *The Lancet*, 374 (2009), n.º 9684, p. 114.

120 *El asco es una emoción con un alto grado de excitación:* Para examinar cómo afecta el asco a la transmisión social, *véase* Heath, Chip, Chris Bell, y Emily Sternberg, «Emotional Selection in Memes: The Case of Urban Legends», *Journal of Personality and Social Psychology*, 81 (2001), n.º 6, pp. 1028–1041.

120 *La práctica fortalece el vínculo materno-filial:* Para saber más sobre el porteo de bebés y el apego, véase www.attachmentparenting.org.

121 *La empresa creó un anuncio centrado en los dolores:* Para ver el vídeo del anuncio de Motrin, véase http://jonahberger.com.

121 *El desastre publicitario:* Learmonth, Michael, «How Twittering Critics Brought Down Motrin Mom Campaign: Bloggers Ignite Brush Fire over Weekend, Forcing J&J to Pull Ads, Issue Apology», *AdAge.com*, 17 de noviembre de 2008, recuperado en http://

adage.com/article/digital/twittering-critics-brought-motrin-mom-campaign/132622.

Capítulo 4. Publicidad

127 *Ken Segall era la mano derecha de Steve Jobs:* Extraído de mi entrevista con Ken Segall el 15 de mayo de 2012. Para más información sobre el trabajo de Ken en Apple, *véase* Segall, *Insanely Simple: The Obsession That Drives Apple's Success*, Portfolio/Penguin, Nueva York, 2012.

129 *Si hay mucha gente comiendo allí:* Para un análisis económico del tema, *véase* Becker, Gary S., «A Note on Restaurant Pricing and Other Examples of Social Influence on Price», *Journal of Political Economy*, 99 (1991), n.º 3, pp. 1109–1116.

129 *Eligen los platos que prefieren otros comensales:* Para conocer más pruebas de la influencia social a la hora de elegir platos, *véase* Cai, Hongbi, Yuyu Chen, y Hanming Fang, «Observational Learning: Evidence from a Randomized Natural Field Experiment», *American Economic Review*, 99 (2009), n.º 3, pp. 864–882. Para un estudio sobre la reutilización de las toallas, *véase* Goldstein, Noah J., Robert B. Cialdini, y Vladas Griskevicius, «A Room with a Viewpoint: Using Social Norms to Motivate Environmental Conservation in Hotels», *Journal of Consumer Research*, 35 (2008), pp. 472–482. Se han llevado a cabo intentos parecidos para conseguir que la gente reduzca el consumo de energía.

129 *Es más probable que las personas voten:* Para saber más sobre la influencia social en el número de votantes, *véase* Nickerson, David W., «Is Voting Contagious? Evidence from Two Field Experiments», *American Political Science Review*, 102 (2008), pp. 49–57. Para ver cómo la influencia social puede afectar a la obesidad y al abandono del tabaco, *véase* Christakis, Nicholas A., y James Fowler, *Connected: The Surprising Power of Our Social Networks and How They Shape Our Lives*, Little, Brown, and Company, Nueva York, 2009.

129 *Qué marca de café elegir:* Para conocer pruebas de la influencia social en la elección del café, *véase* Burnkrant, Robert E., y Alain

Cousineau, «Informational and Normative Social Influence in Buyer Behavior», *Journal of Consumer Research*, 2 (1975), pp. 206–215. Para pruebas de la influencia social en el pago de impuestos, *véase* Thaler, Richard, «Watching Behavior Before Writing the Rules», *The New York Times*, 12 de julio de 2012, extraído de http://www.nytimes.com/2012/07/08/business/behavioral-science-can-help-guide-policy-economic-view.html.

129 *Es más probable que la gente ría:* Para conocer las pruebas sobre la influencia social en la risa, *véase* Provine, R. R., «Contagious Laughter: Laughter Is a Sufficient Stimulus for Laughs and Smiles», *Bulletin of the Psychonomic Society*, 30 (1992), pp. 1–4.

130 *«Prueba social»:* Cialdini, Robert B., *Influence: Science and Practice*, Allyn & Bacon, Needham Heights, Mass., 2001.

131 *Examinó miles de donaciones de riñones:* Las conclusiones del inteligente artículo de Juanjuan, así como diversas estadísticas sobre fallos renales y donaciones, pueden encontrarse en Zhang, Juanjuan, «The Sound of Silence: Observational Learning in the U.S. Kidney Market», *Marketing Science*, 29 (2010), n.º 2, pp. 315–335.

133 *Koreen Johannessen entró:* Entrevista con Koreen Johannessen el 21 de junio de 2012.

133 *Estudiantes universitarios... reconocen beber alcohol:* Para conocer estadísticas sobre la ingesta compulsiva de alcohol de los estudiantes universitarios, *véase* Weschler, Henry, y Toben F. Nelson, «What We Have Learned from the Harvard School of Public Health College Alcohol Study: Focusing Attention on College Student Alcohol Consumption and the Environmental Conditions That Promote It», *Journal of Studies on Alcohol and Drugs*, 69 (2008), pp. 481–490. *Véase también* Hingson, Ralph, Timothy Heeren, Michael Winter, y Henry Wechsler, «Magnitude of Alcohol-Related Mortality and Morbidity Among U.S. College Students Ages 18–24: Changes from 1998 to 2001», *Annual Review of Public Health*, 26 (2005), pp. 259–279, y http://www.alcohol101plus.org/downloads/collegestudents.pdf.

134 *Cuál era su opinión al respecto:* Los psicólogos utilizan el término «ignorancia pluralista» para hablar de este tema. La ignorancia

pluralista se refiere a aquellos casos en que la mayoría de los miembros de un grupo rechazan en privado una norma (como, por ejemplo, beber mucho), pero dan por sentado de manera incorrecta que los demás la aceptan, en parte porque pueden ver las conductas ajenas, pero no los pensamientos. Para un debate más amplio, *véase* Prentice, Deborah A., y Dale T. Miller, «Pluralistic Ignorance and Alcohol Use on Campus: Some Consequences of Misperceiving the Social Norm», *Journal of Personality and Social Psychology*, 64 (1993), n.º 2, pp. 243-256.

135 *Puede que un restaurante sea extremadamente famoso:* Por esta razón, el jefe de sala acostumbra a sentar a los primeros comensales cerca de la ventana del restaurante. Como dato divertido, en Nueva York hay un local del que yo siempre había pensado que era extremadamente popular porque dispone de unos bancos en el exterior que siempre están ocupados. Daba por hecho que las personas allí sentadas estaban esperando para entrar. Más adelante me di cuenta de que era un lugar adecuado para descansar unos minutos.

136 *Millón y medio de ventas de coches:* Para conocer la historia completa de nuestra investigación sobre la industria automovilística, *véase* McShane, Blakely, Eric T. Bradlow, y Jonah Berger, «Visual Influence and Social Groups» (2012), *Journal of Marketing Research*, (de próxima aparición). *Véase también* Grinblatt, M., M. Keloharrju, y S. Ikaheimo, «Social Influence and Consumption: Evidence from the Automobile Purchases of Neighbors», *The Review of Economics and Statistics*, 90 (2008), n.º 4, pp. 735-753.

137 *Cuanto más visible sea algo:* Para conocer pruebas sobre cómo afecta la visibilidad pública al boca a boca, *véase* Berger, Jonah, y Eric Schwartz, «What Drives Immediate and Ongoing Word of Mouth?», *Journal of Marketing Research*, 48 (2011), n.º 5, pp. 869-880.

138 *El cáncer de próstata se cobra la vida:* Para conocer estadísticas sobre cómo afecta el cáncer a los hombres, *véase* http://www.cdc.gov/features/cancerandmen/ y http://www.wcrf.org/cancer_statistics/world_cancer_statistics.php.

138 *Todo empezó una tarde de domingo*: Para conocer la historia que hay tras la fundación de Movember, así como estadísticas sobre su crecimiento y desarrollo, *véase* ca.movember.com y http://billabout.com/get-your-mo-on%E2%80%A8interview-adam-garone-movember-founder/.

140 *Johannessen logró reducir el abuso del alcohol:* Para un debate parecido, *véase* Schroeder, Christine M., y Deborah A. Prentice, «Exposing Pluralistic Ignorance to Reduce Alcohol Use Among College Students», *Journal of Applied Social Psychology*, 28 (1998), pp. 2150–2180.

142 *Trescientos cincuenta millones de usuarios:* Para detalles y estadísticas fundamentales sobre Hotmail, véase http://en.wikipedia.org/wiki/Hotmail.

143 *El cable blanco de Apple destacaba:* Esa clase de señales visibles son especialmente importantes en ámbitos en los que hay un efecto red, o en los que el valor de un producto depende del número de personas que lo utilicen.

144 *Se llama residuo conductual:* El término «residuo conductual» fue acuñado por el psicólogo Sam Gosling. Para conocer su investigación sobre el tema, *véase* Gosling, Sam, *Snoop: What Your Stuff Says About You*, Basic Books, Nueva York, 2008.

146 *«Una idea estúpida»:* Mickle, Tripp, «Five Strong Years», *Sports Business Daily*, 14 de septiembre de 2009, extraída de http://www.sportsbusinessdaily.com/Journal/Issues/2009/09/20090914/This-Weeks-News/Five-Strong-Years.aspx.

146 *Ni siquiera Armstrong confiaba:* Carr, Austin, «Lance Armstrong, Doug Ulman Thought the Livestrong Wristband Would Fail», *Fast Company*, 11 de noviembre de 2011, extraída de http://www.fastcompany.com/article/doug-ulman-didnt-think-the-livestrong-bracelets-would-sell.

146 *Esta visibilidad pública:* Muchas cosas contribuyeron al éxito de las pulseras Livestrong. Costaban sólo un dólar, lo que hacía que a la gente le resultara fácil entrar a formar parte del movimiento, incluso aunque no estuviera segura de querer comprometerse. Además, las pulseras eran realmente fáciles de llevar. A dife-

rencia de los lazos contra el cáncer de mama, los cuales han de sujetarse en diferentes piezas de ropa, la pulsera Livestrong podían llevarse constantemente. Podían llevarse todo el día, mientras dormías, o incluso en la ducha. No te la tenías que sacar nunca ni recordar dónde la habías puesto. Sin embargo, como se ha visto, el color también tuvo un papel importante.

147 *«Lo bueno de una pulsera»:* Entrevista con Scott MacEachern, 2006.

149 *Al instalar esos botones:* Gelles, David, «E-commerce Takes an Instant Liking to Facebook Button», *Financial Times*, 21 de septiembre de 2010, extraído de http://www.ft.com/cms/s/2/1599be2e-c5a9-11df-ab48-00144feab49a.html.

150 *Si los anuncios contra la droga eran realmente eficaces:* Hornik, Robert, Lela Jacobsohn, Robert Orwin, Andrea Piesse, y Graham Kalton, «Effects of the National Youth Anti-Drug Media Campaign on Youths», *American Journal of Public Health*, 98 (2008), n.º 12, pp. 2229–2236.

151 *«Treinta mil millones de canciones han sido descargadas de manera ilegal»:* Página web de la Recording Industry Association of America, http://www.riaa.com/faq.php, consultada el 1 de junio de 2012.

152 *Personas que robaban madera petrificada:* Cialdini, Robert B., Linda J. Demaine, Brad J. Sagarin, Daniel W. Barrett, Kelton Rhoads, y Patricia L. Winter, «Managing Social Norms for Persuasive Impact», *Social Influence*, 1 (2006), n.º 1, pp. 3–15.

Capítulo 5. Valor práctico

157 *Si tuvieras que elegir a alguien:* Entrevista con Ken Craig, 20 de febrero de 2012. El vídeo del truco de Ken con el maíz puede verse en http://jonahberger.com.

162 *Kahneman recibió el Nobel:* Para una visión popular de la teoría de las perspectivas, *véase* el libro de Kahneman *Thinking, Fast and Slow*, de Farrar, Straus y Giroux, 2011. Para una visión más académica, véase Kahneman, Daniel, y Amos Tversky, «Prospect Theory: An Analysis of Decision Under Risk», *Econometrica*, 47 (1979), pp. 263–291. Muchos de los escenarios planteados en

este capítulo son adaptaciones de la obra de Richard Thaler sobre contabilidad mental. *Véase* Thaler, Richard, «Toward a Positive Theory of Consumer Choice», *Journal of Economic Behavior and Organization*, 1 (1980), pp. 39–60; y Thaler, Richard, «Mental Accounting and Consumer Choice», *Marketing Science*, 4 (1985), pp. 199–214.

165 *Para comprobar esta posibilidad:* La investigación de Anderson y Simester puede encontrarse en Anderson, Eric T., y Duncan I. Simester, «Are Sale Signs Less Effective When More Products Have Them?», *Marketing Science*, 20 (2001), n.º 2, pp. 121–142.

165 *Comprar un nuevo radio reloj:* Adaptado de Thaler, «Toward a Positive Theory of Consumer Choice», pp. 39–60.

168 *Mientras que indicar que algo está rebajado:* Numerosas investigaciones han estudiado cómo decir que algo está rebajado afecta al valor que se le da. Para ejemplos, *véase* Blattberg, Robert, Richard A. Briesch, y Edward J. Fox, «How Promotions Work», *Marketing Science*, 14 (1995), n.º 3, pp. 122–132; Lattin, James M., y Randolph E. Bucklin, «Reference Effects of Price and Promotion on Brand Choice Behavior», *Journal of Marketing Research*, 26 (1989), n.º 3, pp. 299–310; y Raju, Jagmohan S., «The Effect of Price Promotions on Variability in Product Category Sales», *Marketing Science*, 11 (1992), n.º 3, pp. 207–220. Para una investigación empírica sobre cómo afectan a las compras los carteles de rebajas *véase* Anderson y Simester, «Are Sale Signs Less Effective», pp. 121–142.

168 *Los límites sobre la cantidad que se puede comprar hacen aumentar las ventas:* Inman, Jeffrey J., Anil C. Peter, y Priya Raghubir, «Framing the Deal: The Role of Restrictions in Accentuating the Deal Value», *Journal of Consumer Research*, 24 (junio, 1997), pp. 68–79.

169 *Se incrementa el valor práctico:* Para conocer las pruebas de cómo las restricciones acerca de quién puede acceder a una oferta afectan a la percepción del valor, *véase* Schindler, Robert M., «Consequences of Perceiving Oneself as Responsible for Obtaining a Discount: Evidence for Smart-Shopper Feelings», *Journal of Consumer Psychology*, 7 (1998), n.º 4, pp. 371–392.

169 *Qué descuento parece mayor:* Para encontrar pruebas de que el valor percibido se ve afectado por los descuentos absolutos y relativos, *véase* Chen, S.-F. S., K.B. Monroe, y Yung-Chein Lou, «The Effects of Framing Price Promotion Messages on Consumers' Perceptions and Purchase Intentions», *Journal of Retailing*, 74 (1998), n.º 3, pp. 353–372.

174 *Es posible que hayas oído:* Para un debate acerca de la relación entre vacunas y autismo y las consecuencias de la información falsa, *véase* McIntyre, Peter, y Julie Leask, «Improving Uptake of MMR Vaccine», *British Medical Journal*, 336 (2008), n.º 7647, pp. 729–730; Pepys, Mark B., «Science and Serendipity», *Clinical Medicine*, 7 (2007), n.º 6, pp. 562–578; y Mnookin, Seth, *The Panic Virus*, Simon and Schuster, Nueva York, 2011.

Capítulo 6. Historias

178 *La batalla tuvo lugar alrededor del año 1170 a.C.:* Las estimaciones acerca de la época del caballo de Troya proceden del siguiente artículo: Baikouzis, Constantino, y Marcelo O. Magnasco, «Is an Eclipse Described in *The Odyssey?*», *Proceedings of the National Academy of Sciences*, 105 (2008), n.º 26, pp. 8823–8828.

183 *Las historias... nos ayuda a entender el mundo:* Baumeister, Roy F., Liquing Zhang, y Kathleen D. Vohs, «Gossip as Cultural Learning», *Review of General Psychology*, 8 (2004), pp. 111–121.

184 *Es mucho más probable que nos convenzan:* Para conocer la investigación relativa a cómo las historias pueden hacer que resulte más difícil rebatir algo, *véase* Kardes, Frank R., «Consumer Inference: Determinants, Consequences, and Implications for Advertising», en *Advertising Exposure, Memory and Choice*, ed. Andrew A. Mitchell, Erlbaum, Hillsdale, N.J., 1993, pp. 163–191.

185 *Perdió peso: Véase* http://en.wikipedia.org/wiki/Jared_Fogle para leer un resumen de la historia de Jared.

187 *Así que hizo un breve vídeo:* La historia surgió de una entrevista con Tim Piper el 18 de junio de 2012. El vídeo «Evolución» puede verse en http://jonahberger.com.

188 *2 por ciento de las mujeres se consideran bellas:* Este hecho procede de Etcoff, Nancy, Susie Orbach, Jennifer Scott, y Heidi D'Agostino, *The Real Truth About Beauty: A Global Report* (2004); consultado el 1 de junio de 2012 en http://www.scribd.com/doc/16653666/1/%E2%80%9CTHE-REAL-TRUTH-ABOUT-BEAUTY-A-GLO-BAL-REPORT%E2%80%9D.

189 *Un crecimiento de sus ventas de dos dígitos: Véase* http://www.marketingvox.com/dove_evolution_goes_viral_with_triple_the_traffic_of_super_bowl_spot-022944/ consultado el 15 de mayo de 2012. Véase también http://en.wikipedia.org/wiki/Evolution_%28advertisement%29.

189 *El canadiense Ron Bensimhon:* http://news.bbc.co.uk/2/hi/europe/3579148.

190 *Parte de un ardid publicitario:* Para una breve narración de los hechos, *véase* BBC News, «Jail Sentence for Tutu Prankster», 19 de agosto de 2004.

192 *El anuncio más visto en la historia de internet:* World Records Academy (2011), «Most Viewed Online Ad: "Evian Roller Babies" Sets World Record», consultado en mayo de 2012 en http://www.worldrecordsacademy.org.

192 *Sus ventas cayeron casi un 25 por ciento:* O'Leary, Noreen, «Does Viral Pay?» (2010), consultado el 21 de mayo de 2011 en http://www.adweek.com.

193 *En un anuncio, un padre está comprando en el supermercado:* El anuncio de Panda puede verse en http://jonahberger.com.

194 *Sin hablar de la batidora:* Para más información acerca de la viralidad valiosa, *véase* Akpinar, Ezgi, y Jonah Berger, «Valuable Virality» (2012), artículo de Wharton.

195 *Los psicólogos Gordon Allport y Joseph Postman:* Allport, Gordon, y Joseph Postman, *Psychology of Rumor*, H. Holt and Company, Nueva York, 1947.

Epílogo

197 *Cuando llegó a Hope Village:* Para conocer la historia de Thuan Le y los salones de manicura vietnamitas, *véase* Tran, My-Thuan,

«A Mix of Luck, Polish», *Los Angeles Times*, 5 de mayo de 2008. Véase también http://www.cnn.com/video/?/video/us/2011/07/05/pkg.wynter.vietnamese.nail.salon.cnn.

198 *estadounidenses de origen camboyano poseen:* Ardey, Julie, «Cambodian Settlers Glaze a Donut Trail», *Daily Yonder*, 18 de febrero de 2008; consultado en http://www.dailyyonder.com/cambodian-settlers-glaze-donut-trail/2008/02/18/1062.

199 *los coreanos son propietarios:* Bleyer, Jennifer, «Dry Cleaners Feel an Ill Wind from China», *The New York Times*, 27 de abril de 2008.

199 *El 60 por ciento de las licorerías de Boston:* Consultado el 10 de marzo de 2012 en http://www.pbs.org/wgbh/amex/murder/peopleevents/p_immigrants.html.

199 *los judíos fabricaban:* Klinger, Jerry, «The Russians Are Coming, The Russians Are Coming», *America Jewish History 1880–1924*, consultada el 15 de marzo de 2012 de http://www.jewishmag.com/85mag/usa8/usa8.htm.

200 *Duncan Watts recurre a una excelente comparación:* Watts, Duncan J., «Challenging the Influentials Hypothesis», *WOMMA Measuring Word of Mouth*, 3 (2007), p. 207.